RADIUS  BÜCHER

Prof. Dr. Gunnar Hasselblatt
ist Mitarbeiter des Berliner Missionswerkes.
Autor mehrerer Bücher,
Zeitschriften- und Zeitungsbeiträge
zum Thema Äthiopien und Oromoland.

Ulrike Löbs
ist Presse- und Öffentlichkeitsreferentin
im Berliner Missionswerk.

Peter Niggli,
Journalist in Zürich,
schreibt über afrikanische Themen
und zu Wirtschaftsfragen.

Gunnar Hasselblatt

Das geheime Lachen im Bambuswald

Vom Freiheitskampf
der Oromo in Äthiopien

CIP-Titelaufnahme der Deutschen Bibliothek

Das geheime Lachen im Bambuswald : Vom Freiheitskampf der Oromo in Äthiopien / Gunnar Hasselblatt ; [Ulrike Löbs ; Peter Niggli]. – Stuttgart : Radius-Verl., 1990
ISBN 3-87173-803-4
NE: Hasselblatt, Gunnar [Mitverf.] ; Löbs, Ulrike / [Mitverf.] ; Niggli, Peter [Mitverf.]

ISBN 3-87173-803-4
© 1990 by RADIUS-Verlag GmbH Stuttgart
Umschlag: Dieter Kurzyna
Gesamtherstellung Clausen & Bosse, Leck
Printed in Germany

Inhalt

Vorwort 7

Teil I. Geschichten
Brokkoli, Wein und Espresso 11
Giorgis, Gudina und Goethe in Manhattan 15
Ein Oromo aus Kiew – ein Interview 23
Die Himmelsschänke 30
Gummi Arabicum 35
Das geheime Lachen im Bambuswald 39
Der Magister ludi 63

Teil II. Analysen und Kommentare
Äthiopien – Ein Mißverständnis 83
Es kochen viel zu viele Köche mit in Äthiopien 90
Hausgemachter Hunger 98
Mengistu soll ruhig noch etwas bleiben 102
Ein Tropfen auf den heißen Stein 107
Gespräch mit Dima Yunis 110

Teil III. Geschichte
Die Hoffnung der Oromo im Bambuswald 121
Auch das Volk der Oromo hat ein Recht auf Leben 128
Zerstört und verbrannt ist Yabus 138

Epilog
Äthiopien – der letzte Dominostein? 147

Karte
The Horn of Africa 1988 155

Vorwort

Klaus und Erika Mann, Arthur Koestler, Ernest Hemingway, George Orwell – alle waren sie in Spanien beim Kampf gegen den Faschismus, ehe er Europa in Terror und Blut tauchte, und haben episch, enthusiastisch, kritisch darüber berichtet. Der Kampf der republikanischen Spanier war ein Ereignis, das keinen wachen Geist in Europa unberührt ließ – wie ein gutes Jahrhundert zuvor der Freiheitskampf der Griechen gegen den türkischen Despot und Koloß, als der romantische Lord Byron durch den heroisch-dilettantischen Einsatz seines Lebens die »Linke« Europas, wenn es damals so etwas gab, begeisterte und zur Unterstützung des Freiheitskampfes der idealistisch überhöhten Hellenen mitriß, bis diese ihr kleines, freies Griechenland hatten.

Oder schauen wir auf Garibaldi, auf seinen phantastischen Freiheits- und Einigungskampf, der zeitlich und räumlich zwischen Spanien und Griechenland liegt und vor den erstaunten Augen des verschlafenen Europas die Grundlage des modernen Italien schuf aus dem Flächenteppich ineinander verhakter Kleinstaaten und Interessen größerer Mächte.

Und der größtenteils gewaltlose Freiheitskampf der Schwarzen in Südafrika, seit Jahrzehnten Lebensinhalt fortschrittlicher Kreise in aller Welt. Was fangen diese Kreise bloß nachher an?

We have a proposal. We have got an offer.

Schaun Sie doch mal ins Oromoland. Vor der Tür sozusagen. Interessante Kombinationen.[1] Völlig unbemerkt von den fortschrittlichen Kreisen längst über eine Million Kriegstote – die Mehrzahl Oromo. Die Medien allerdings und ihre schwächeren Schwestern, die humanitären Konzerne oder die Kirchen, reden lieber von einer Million Hungertoter (die es noch zusätzlich gibt). Das macht sich besser. Zwar birst die ganze Welt von Politik, aber nicht Äthiopien. Da gibt's Hunger. Vielleicht gibt's doch ein bißchen mehr. Ein bißchen Freiheitskampf. Ein bißchen Garibaldi und Lord Byron, Spanische Brigaden und Thomas Mazaryk. Schaun Sie ins Oromoland, schaun Sie einfach mal hin, Herr Grass (so interessant wie Indien!) und Frau Rinser (Italien braucht Nachhilfe, sein Erbe oder seine koloniale Schuld abzuarbeiten), Herr Brandt (Sie waren damals doch auch in Spanien) und Herr Hochhuth (Themen gibt's da, Themen!).

Klaus und Erika Mann, Arthur Koestler, Ernest Hemingway, George Orwell – das waren noch Zeiten!

Gunnar Hasselblatt

---

[1] Die drei Autoren Gunnar Hasselblatt, Ulrike Löbs und Peter Niggli haben die hier zusammengefaßten Artikel im Laufe der letzten Jahre in verschiedenen Zeitungen und Zeitschriften veröffentlicht.

Teil I
Geschichten

Brokkoli, Wein und Espresso

Sechs Jahre sind vergangen, sechs lange Jahre hat es gedauert, bis ich den Wurm, der mich quälte, ausspie und nun ruhig im Bistro sitze, den französischen Landwein zu Brokkoli und Kräuterquark schlürfe und den Espresso zum Schluß. Sechs Jahre war die Kreuzung Uhlandstraße/Pariser Straße in Berlin-Wilmersdorf, wo das Erdgeschoß eines Eckhauses vom Bistro, die restlichen Stockwerke vom Hotel Domus eingenommen werden, tabu für mich. Scheu schaute ich hinauf zur Narbe im vierten Stock, wenn ich mein Auto unachtsam durch Wilmersdorf oder Charlottenburg lenkte und zu spät merkte, daß es nicht mehr möglich war, diese verdammte Ecke zu meiden. 1982, am 22. März, wurde der eklige kleine Wurm geboren, biß sich fest in meinem Magen, als die mir bestimmte Bombe dort oben in einem Zimmer der vierten Etage explodierte, die Außenwand heraussprengte und große schwere Mauerstücke vor Tür und Fenster des Bistro herabschleuderte, die einige parkende Autos, aber glücklicherweise keine Passanten trafen – genau dort, wo ich nun in Ruhe Brokkoli und Kräuterquark genieße.

Die Übeltäter, zwei espressofarbene, offensichtlich ungeübte Agenten, die am 16. März jenes Unglückszimmer bezogen hatten, um den Mordanschlag in aller Ruhe vorzubereiten, um Örtlichkeit und Gelegenheit mit Hilfe ortsansässiger Äthiopier auszukundschaften und schon mal probeweise das Berliner Missionswerk in

Friedenau zu besuchen, sich dort gründlich umzusehen und ein dickes Buch zu kaufen, um es als Bombe zu präparieren in eben jenem Hotelzimmer, in dessen Resten sie nun wimmernd in ihrem Blute lagen – die beiden Übeltäter mögen sich, als Explosionsblitz und Krach vorüber waren und Pulverdampf und Staub sich verzogen hatten, dort oben – so still und licht und weit war die Welt auf einmal – vorgekommen sein, als wären sie durch ein gnädiges Wunder nach Hause versetzt und atmeten die zarte Luft von Addis Abeba, wohin sie sich in diesem Augenblick sicherlich sehnlichst zurückwünschten. Hätten nicht die Heizkörper der Zentralheizung, die dem Explosionsdruck standhielten, die Unglücklichen aufgefangen, sie wären unten auf der Straße zerschmettert.

Die äthiopische Regierung hatte die Agenten mit eindeutigem Auftrag nach Berlin geschickt: Das Berliner Missionswerk in Friedenau, wo allerlei fromme Traktate über das von den Abessiniern unterdrückte und von ihnen zur Auslöschung bestimmte Oromovolk produziert werden – einige dieser Blätter fanden sich in den Trümmern des Hotelzimmers – sollte in die Luft fliegen und Hasselblatt, der Autor der Schriften, am höchsten! Doch die Terroristen hatten ungeschickt am Zünder gefingert, als sie ihn zusammen mit der Sprengladung in das im Missionsbuchladen gekaufte und von ihnen ausgehöhlte Buch stopften.

Die bundesdeutsche Regierung schickte am 16. Mai jenen Terroristen, der überlebte – wo hat sie bloß den Toten hingetan? –, nach Addis Abeba zurück, beschädigt zwar: Die Hände fehlten, das halbe Gesicht, die Wunden notdürftig verheilt – ob das Auswärtige Amt sich dafür entschuldigt hat? Nicht der böse islamische Gaddafi in Libyen nämlich hatte die Agenten mit der Bombe geschickt – ihm wurde die Bombe in der Diskothek La Belle, ebenfalls Friedenau, angerechnet, und er wurde dafür prompt mit einer spektakulären Bombardierung seiner Hauptstadt bestraft (April 1986) – nicht dieser mutmaßliche Bösewicht, sondern das in Bonn respektierte, schon fast geliebte Chamäleon Mengistu Haile Maryam war der Bombenleger, orthodoxer Christ, afrikanischer Zionist, schwarzer Kommunist – so wird er gesehen, so stellt er sich selber dar, je nach dem Hintergrund, vor dem er posiert, vor dem er gesehen werden möchte.

Sechs Jahre lang wurmte mich weniger die Unverfrorenheit, mit der die Ermordung des Oromofreundes und die Zerstörung des Berliner Missionswerkes geplant war, als vielmehr die Beschränktheit der hiesigen Verantwortlichen, nämlich ihre Bereitwilligkeit, alle Launen und Wünsche und Lügen willfährig von den Lippen dieses kleinen Chamäleons abzulesen: Du möchtest nicht die Verantwortung für das Attentat übernehmen? Wir verstehen! Hier hast du – vertraulich – deinen Krüppel zurück; dein anderer Abgesandter ist leider gestorben. Ein Gerichtsverfahren wird es nicht geben. Wir bewahren Stillschweigen über diese Angelegenheit – recht so?

Und dann, ins Gigantische verzerrt und gesteigert, das gleiche komplizenhaft-augenzwinkernde Spiel bei der Hungerhilfe. Das Chamäleon betrügt lächelnd große Hilfsorganisationen, und diese – betrogene Betrüger? – verlagern ihre Schuld auf die Schultern der Spender. Viele hundert Millionen Deutsche Mark oder Dollar oder Pfund Sterling und nicht zu vergessen die Kronen aus Skandinavien und Lire aus Italien ermöglichten es dem abessinischen Diktator, an die zehn Millionen Bauern im Oromoland aus ihren Dörfern zu vertreiben, ihre völkische und kulturelle Eigenart zu vernichten – damit aus Blut, Tränen und Eiter, aus Staub, Dreck und Folter sich der neue äthiopische Mensch erhebe und in genormten und bewachten Staatssiedlungen sich wohl fühle! Entwicklungshilfe wird dieses Programm unter dem täuschenden Vorwand der Hungerhilfe genannt, ein Programm, das zwar den Staat stärkt, aber die Völker vernichtet. Keine Regierung der Welt würde es schaffen, ohne entweder sich selbst oder die Bevölkerung zu opfern, in sieben Jahren 33 Millionen Menschen umzusiedeln – die äthiopische Regierung hat sich genau das vorgenommen. Mehr als hunderttausend Bäuerinnen, Kinder und Bauern starben schon bei diesen »Hilfsmaßnahmen«; sie wurden ermordet durch die brutalen und sinnlosen Zwangsdeportationen und bei der Zerstörung ihrer Dörfer, während westliche Hilfsorganisationen öffentlich darüber nachdachten, ob dieses menschenverachtende Mammutprogramm vielleicht doch unterstützenswert sei!

Nun ja, die Sache ist vorläufig abgeschlossen und der Brokkoli verzehrt. Jetzt läßt sich beim Wein in gelöster Stimmung über die sportliche Seite der Angelegenheit meditieren: Wird die Befreiungsbewegung der Oromo (OLF) etwas retten können von der Substanz und vom Charakter des Oromovolkes (ca. 20 Mio.) und von der bislang durch die Staatssiedlungen noch nicht zerstörten Natur des Oromolandes? Ist eigentlich, global betrachtet, die von der äthiopischen Regierung angekündigte und teilweise bereits durchgeführte Zerstörung der Dörfer von 33 Millionen Menschen nicht schlimmer als die Katastrophe von Tschernobyl oder die Vergiftung unserer Luft, unserer Flüsse und des Grundwassers?

Der Espresso ist ausgetrunken. Die Kehle ist frei. Kommt, Freunde, ich erzähle euch die Hintergründe der Ereignisse.

G. H., März 1988

Giorgis, Gudina und Goethe in Manhattan

Äthiopische Erfahrungen in New York

In Manhattan, der langgestreckten Insel New Yorks, kann man sich nicht verirren. Alle Straßen verlaufen rechtwinklig zueinander. Die von Inselspitze zu Inselspitze sich erstreckenden sind durch Namen gekennzeichnet: Broadway, Amsterdam, Columbus, Madison usw., die Querstraßen durch fortlaufende Nummern. So findet der Fremdling sich schnell zurecht, zumal das U-Bahn-System übersichtlich und sehr schnell ist und jeder Taxifahrer hilfsbereit und freundlich.

In der hundertsten Straße steht die kleine, 99 Jahre alte Trinity Evangelical Lutheran Church. Die Kirchenfenster, die bunte biblische Szenen darstellen, sind noch deutsch beschriftet: dem Gedächtnis meiner Mutter gewidmet, zur Erinnerung an meine Eltern! An die Backsteinkirche, als ein Teil von ihr, ist das kleine Pfarrhaus gebaut, schmal, drei Stockwerke hoch. Der Pfarrstelleninhaber war einst Pastor in Berlin, Bernauer Straße, direkt an der Mauer. Die Pfarrwohnung könnte überall in Deutschland sein. Ich war nach New York gereist, damit für die Sendung »Gott und die Welt« im Ersten Programm des Deutschen Fernsehens ein Gespräch mit Herrn Dawit Wolde Giorgis geführt werden konnte, jenem hohen äthiopischen Beamten, der sich am 15. Dezember 1985 in die Vereinigten Staaten absetzte; das Gespräch fand in dieser Wohnung statt.

Dawit Wolde Giorgis war, ehe er aus Äthiopien floh, für die Organisation der gesamten gigantischen Hungerhilfe in Äthiopien verantwortlich gewesen. Hunderte von Millionen Deutsche Mark, Dollar und Pfund Sterling hat er eingeworben – und nach der Flucht zugegeben, daß er die Spender leider belogen hat über die Natur der Hilfe und über die Ursachen und das Ausmaß der Hungersnot.

Es war nicht leicht, den Kontakt zu ihm herzustellen. So hohe Beamte, ob sie nun im Amt sind oder nicht mehr, achten auf Distanz. Dawit mußte nach der Flucht besonders vorsichtig sein; denn bevor er mit dem Amt des obersten Hungerhelfers betraut wurde, war er Gouverneur der umkämpften Kolonie oder Provinz Eritrea gewesen, und Eritreer in den USA, es sind ihrer an die sechstausend, hatten gedroht, ihn umzubringen wegen seines Verhaltens als Mengistus Statthalter in Eritrea. Später sahen sie ein, daß ein lebendiger Dawit, der die Wahrheit über Mengistus Regime sagt, mehr wert ist als ein toter.

Ich hatte von Freunden die Telefonnummer von Dawit erhalten – keine Adresse – und seine Zusage, mit mir zu sprechen; aber tagelang nahm keiner den Hörer ab. Alle vier oder sechs Stunden wählte ich die bewußte Nummer an, bis schließlich ein Termin verabredet werden konnte für das Gespräch vor der Kamera.

Davor gab es Gelegenheit, andere Exiläthiopier aufzusuchen, Flüchtlinge, die in den letzten zehn Jahren ihre Heimat hatten verlassen müssen und sich bis in die USA durchschlagen konnten. Mindestens 40000 Äthiopier sollen in den USA sein. Die überwiegende Mehrheit gehört dem Minderheitsvolk der Amharen an, das die Regierungsmacht in der Hand hat von der Zeit Haile Selassies bis heute. Dann sind die 6000 Eritreer hier und schließlich vielleicht 400 Oromo. Die Oromo sind das Mehrheitsvolk in Äthiopien, deren Angehörige aber die geringsten Ausbildungschancen hatten, sowohl unter Haile Selassie als auch heute, und von denen, da sie überwiegend Bauern sind, nur wenige bis in die USA fliehen konnten.

Zu diesen 40 000 Flüchtlingen gehören auch etwa 40 Minister und Botschafter und andere höchste Beamte der äthiopischen Regierung, die eine Dienstreise nutzten, um im Westen zu bleiben. Eigenartig aber ist und sehr bedauerlich, daß nur selten einer dieser Herren seinen Mund auftut und die Gründe seiner Flucht darlegt – und reden die »einfachen« Flüchtlinge, so gibt es keine Berichte in der New York Times.

Mit einem »einfachen« Flüchtling aus Äthiopien, einem Oromo aus der 44. Straße, dessen Anschrift mir von Freunden aus Europa mitgegeben worden war, verabredete ich mich im Aussichtsrestaurant in der 107. Etage des World Trade Center One, und mit dem großartigsten Wolkenkratzer- und Hafenpanorama zu unseren Füßen erzählte er mir seine einfache, stinknormale Oromogeschichte und seine Flucht, die mit dem Ausbruch aus der Gefängnistoilette begann.

Nachdem die Militärjunta in Addis Abeba, die sich marxistisch nennt, die beiden ideologisch orientierten Oppositionsparteien MEISON (alläthiopische Sozialisten) und EPRP (äthiopische Volksrevolutionäre) im Roten Terror brutal ausgelöscht hatte (1977–1979), kamen die ethnisch bestimmten Gruppen an die Reihe, zuvörderst die Sympathisanten der OLF (Oromo Befreiungsfront) – praktisch sind also 20 Millionen Oromo in Lebensgefahr.

Mein Freund Omar Saleh (Personen- und Ortsnamen müssen verändert werden, weil seine Frau und Kinder noch in Äthiopien sind), der nun mit mir auf die Wolkenkratzer zu unseren Füßen herabschaut und auf die Einfahrt des spielzeugkleinen Ozeanriesen Queen Elizabeth II in den Hafen von New York, war Schullehrer in Nazareth gewesen, einhundert Kilometer südöstlich von Addis Abeba. Gewissenhaft tat er seinen Dienst und war im Ort allseits beliebt, weil er auch sonst Nützliches für die Gemeinschaft tat: Aufbau einer Bibliothek, Hilfe bei der Alphabetisierung... Aber weil er ein Oromo ist, wurde er verhaftet und gefoltert.

Er berichtet: Wofe Ilala (hängender Vogel) ist das eine, Seminte Kuter (Nummer acht) das andere. Beim ersten hängt man kopfüber an einer Stange, die unter die Knie geschoben wird, wobei die Hände vor den Schienenbeinen zusammengebunden sind – dann wechseln sich die Schläger ab. Beim zweiten, Seminte Kuter, wird einem ein »Halfter« in den Mund getan und mit den am Rücken zusammengefesselten Händen und Füßen verbunden, immer strammer, wie ein Flitzbogen, oder wie eine in Sterbensqual verzogene Acht.

Ferner müssen die Häftlinge bei den Erschießungen zusehen und wissen nie, ob sie am folgenden Tag selbst an der Reihe sein werden. Ein Jahr dauerte diese Qual für Omar Saleh. Es gibt keine Oromo-Familie in Äthiopien, die nicht einen oder mehrere Angehörige(n) in diesen Gulag entsandt hat.

Eines Tages besuchte ein Ingenieur der ELPA (die äthiopischen Elektrizitätswerke) seine Frau im Gefängnis zu Nazareth und brachte ihr Wäsche und Essen. Die Gefängniswärter fragten ihn: »Bist du auch für die Revolution?« – »Natürlich, sicher!« – »Laßt uns ihn einspannen, er ist groß und stark und lang, laßt uns testen, ob er wirklich die Revolution unterstützt!« Seminte Kuter – und sie brachen ihm das Rückgrat. Nach einer qualvollen Woche starb er. Die Wärter und Folterknechte sagten den Insassen, die das alles miterlebt hatten: »Solltet ihr gefragt werden, wo er ist, dann antwortet, er wurde verlegt.«

Omar Saleh wurde entlassen, nach einem langen kontroversen Disput der Verantwortlichen. Nach einigen

Monaten aber wurde er wieder verhaftet. Die Gruppe, die ihn töten wollte, hatte sich durchgesetzt. Vor dem Transport in ein anderes Gefängnis, wo, daran hatte Omar keinen Zweifel, Folter und Tod auf ihn warteten, bat er um Erlaubnis, die Toilette besuchen zu dürfen. Als er dort war, sah er ein kleines Loch in der Rückwand, eine Blechplatte war locker. Blitzartig kam ihm der Gedanke: Besser auf der Flucht erschossen werden als all das andere. Omar Saleh zerrte und riß, und es gab Lärm und Krach, und er zwängte sich hinaus und rannte und hörte bald das Geschrei: Héde! Héde! (Er ist weggelaufen!), hörte die Schüsse und rannte, entwischte. Tagsüber verbarg er sich im Wald. In der Nacht marschierte er, immer gen Osten, bis nach Dire Dawa. Von dort die zehntägige Wüstenwanderung – für Nichtnomaden eine wahre Tortur – nach Dschibuti, die Leidensstraße der Jugend Äthiopiens. Jetzt ist er Tankstellenwart in Manhattan. Einem anderen Tankstellenwart in Manhattan, auch er ein Oromo, der mit Omar im selben Gefängnis gewesen war, die gleiche Folter erlitten hatte, Wofe Ilala und Seminte Kuter, hatten sozusagen bei der eigenen Exekution die Nerven versagt. Die jungen Leute standen in einer Reihe vor dem Erschießungskommando, und bei der Salve muß er aus Angst einen Bruchteil einer Sekunde früher als die anderen zusammengebrochen sein. Unverletzt lag er unter den Toten und konnte sich retten und fliehen, den langen Leidensweg – bis nach Manhattan.

Dann war im Pfarrhaus im oberen Manhattan die Kamera aufgebaut für den prominenten Flüchtling, der nicht an einer Tankstelle, sondern an einer berühmten Universität arbeitet. Er sagte: Ich verstehe die Mitarbeiter der westlichen Kirchen, Missionen und Hilfswerke nicht. Sie verhalten sich unmoralisch. Sie sehen, sie wissen von den ungeheuerlichen Menschenrechtsverletzungen in Äthiopien, aber sie sagen kein Wort. Sie tun ihren Mund nicht auf. Sie können durch deutliches Eintreten für die Wahrung der Menschenrechte Druck auf Mengistu ausüben. Nichts würde ihnen passieren. Höchstens würden sie in Äthiopien des Landes verwiesen.

Mengistu, fährt Dawit Wolde Giorgis fort, ist schlimmer als Idi Amin, Bokassa und Pol Pot. Mord und Totschlag in ungeheurem Ausmaß sind an der Tagesordnung, mehr als jemals in Uganda, der Zentralafrikanischen Republik oder Kampuchea. In diesen drei Fällen hat der freie Westen, haben die Kirchen erst »danach« geredet, und so wird es wohl auch im Fall von Äthiopien sein. Erst nach dem Sturz, nach dem Ende der Regierung des Diktators Mengistu werden die Kirchen und die Hilfsorganisationen reden.

Als das Interview beendet war und die Scheinwerfer, die Kamera und die Kabel eingepackt wurden, stellte ich Herrn Giorgis den Hausherrn vor: Das ist der Pastor dieser Gemeinde. Er hat zusammen mit Gudina Tumsa im Lutheran Northwestern Theological Seminary St. Paul, Minnesota, Theologie studiert. Wir haben zusammen Basketball gespielt, ergänzt der Hausherr, und weil Gudina so groß und stark war, und so lang!, mußte er immer in der Nähe des Korbes stehen; sehr sportlich war er sonst ja nicht. Kennen Sie Gudina Tumsa, den Generalsekretär der lutherischen Mekane Yesus Kirche in Äthiopien?

He is dead, antwortet Dawit Wolde Giorgis im Pfarrhaus in Manhattan am 23. April 1987, er ist tot! Und wir denken an Wofe Ilala und Seminte Kuter, und daß wir wohl nie erfahren werden, wie bald dieser aufrechte Christ und Kirchenführer nach seiner Entführung am Abend des 28. Juli 1979 in Addis Abeba von den Schergen Mengistus erschlagen oder erschossen worden ist.

Nach den Gesprächen mit dem einfachen und dem prominenten Flüchtling ist Abwechslung nötig, ein langer Nachtbummel, schon eher ein Marsch, durch das muntere Greenwich Village, downtown Manhattan, zehnte Straße. Denn so bekannt oder banal die Aussagen der Gesprächspartner auch sein mögen, so oft ich auch diese Berichte aus äthiopischen Gefängnissen aus erster Hand gehört und darüber berichtet habe – das Herz krampft sich, kalter Schweiß bricht aus, Wut und Zorn machen sich breit.

Ich lasse mich vom nächtlichen Menschenstrom durch die erleuchteten Straßen treiben, vorbei an Cafés und Musikstuben, und es ist absolut gleichgültig, ob ich in New York oder in irgendeiner afrikanischen Stadt bin. Mein Blick gleitet über die bunten Waren, die schwarze Händler auf den Bürgersteigen ausgebreitet haben: Kämme, Uhren, Hemden, Plastikspielzeug, Bücher... Bücher! Ich bleibe stehen, hocke mich hin und habe kleine Bände aus dem Jahre 1828 in der Hand, gedruckt in Tübingen und Stuttgart, Cotta'sche Buchhandlung, Goethes Werke, Vollständige Ausgabe letzter Hand. Ich kaufe alles, weiß wieder, wo ich bin, und im ratternden U-Bahnexpreß, der mich spät nach Mitternacht zurück zur hundertsten Straße schleudert, sichte ich gierig meinen Fund und lese mich fest im 27. Band, Italienische Reise, Goethes Eintragung am 5. November 1786 in Rom. Am 1. November, Allerheiligen, hatte er gehofft, einen prunkvollen Gottesdienst zu erleben, und stellt dann, als nichts dergleichen geschah, enttäuscht fest: »Allein wie sehr betrog ich mich! Besser gelang mir's«, schreibt er weiter »am 2. November, Allerseelen. Die Funktion (Messe) war angegangen, Papst und Cardinäle schon in der Kirche. Der heilige Vater, die schönste würdigste Männergestalt, Cardinäle von verschiedenem Alter und Bildung. Mich ergriff ein wunderbar Verlangen, das Oberhaupt der Kirche möge den goldenen Mund aufthun und, von dem unaussprechlichen Heil der seligen Seelen mit Entzücken sprechend, uns in Entzücken versetzen. Da ich ihn aber vor dem Altare sich nur hin und her bewegen sah, bald nach dieser bald nach jener Seite sich wendend, sich wie ein gemeiner Pfaffe gebärdend und murmelnd, da regte sich die protestantische Erbsünde, und mir wollte das bekannte und gewohnte Meßopfer hier keineswegs gefallen. Hat doch Christus schon als Knabe durch mündliche Auslegung der Schrift und in seinem Jünglingsleben gewiß nicht schweigend gelehrt und gewirkt, denn er sprach gern, geistreich und gut, wie wir aus den Evangelien wissen. Was würde der sagen, dacht' ich, wenn er hereinträte und sein Ebenbild auf Erden summend und hin und wieder wankend anträfe?... ich zupfte meinen Gefährten, daß wir in's Freie kämen.«

Auch ich trat nun ins Freie, aus dem stinkenden U-Bahnschacht am oberen Broadway, noch ganz benommen von diesem Goethe und ihm zutiefst dankbar für diese vor 200 Jahren aufgezeichneten Beobachtungen, geben sie mir doch die Gelegenheit, die Aussagen von Dawit Wolde Giorgis in historischer Perspektive zu sehen. Wie sehr betrog Giorgis sich, als er erwartete, das Oberhaupt einer Kirche oder auch nur ein gemeiner Pfaffe oder vielleicht ein flotter Entwicklungshelfer würde seinen (goldenen) Mund auftun und vom unaussprechlichen Frieden und von der Gerechtigkeit reden. Doch sie bewegen sich nur summend und wankend hin und her, undeutliches Zeug murmelnd.

Haben sie Angst, man würde sie erschlagen wie Gudina Tumsa? Fürchten sie sich vor Wofe Ilala und Seminte Kuter? Man würde sie doch, im schlimmsten Fall, nur des Landes verweisen oder nicht mehr einreisen lassen.

G. H., Oktober 1987

Ein Oromo aus Kiew –
ein Interview

Wenn einer der ca. 3500 in der Sowjetunion studierenden jungen Leute aus Äthiopien nach dem zweiten Studienjahr Urlaub in seiner Heimat machen möchte, was im Prinzip erlaubt ist, so muß er für die Reisekosten selbst aufkommen. Von seinem knappen Stipendium kann er die 776 Rubel für den Flug nach Addis Abeba und zurück unmöglich abknapsen. Gutama Lamu[1], ein Oromo in Kiew, ließ sich von seiner Familie Blue jeans aus Addis Abeba schicken, die er für 160 Rubel das Paar verkaufte. So konnte er im Sommer 1988 seine Eltern in Äthiopien besuchen. Er erzählte ihnen nicht, daß er vorhatte, sich in den »Westblock«, wie er sich ausdrückt, abzusetzen. Damals ahnte er noch gar nicht, daß sich ihm diese Möglichkeit bieten würde. Im Januar 1989 aber gelang es ihm, über Polen und die DDR nach Berlin-West zu reisen. Hier hat er von dem Abenteuer erzählt, das das Studium für Schwarze in der Sowjetunion bedeutet.

1986 kam Gutama nach Kiew. Schon das Auswahlverfahren ist vertrackt. Aber Gutama hatte Glück. Heute werden fast nur noch amharische Bewerberinnen[2] und Bewerber zugelassen, höchstens 5 % aus dem Volk der Oromo. In der Verwaltung der äthiopischen

---

1 Der richtige Name ist mir natürlich bekannt.
2 Von den aus Äthiopien in die Sowjetunion geschickten jungen Leuten sind nur 2 % Frauen.

Ministerien gibt es so etwas wie einen »Arierparagraphen«: Amharen und andere Nicht-Oromo werden massiv bevorzugt. Ist der Antrag nach all den Gutachten von Ortsgruppe, Schule und Partei – die wissenschaftliche Begabung spielt dabei eine untergeordnete Rolle – positiv beschieden, erhält die oder der Glückliche einen Paß, der nur für Äthiopien und die Sowjetunion gültig ist, sowie das Visum. Dann reist er zu jener Universität in der Sowjetunion, die ihm zugewiesen wird. Alle Republiken, bis auf die baltischen, scheinen in Frage zu kommen. Will die Paßinhaberin oder der Paßinhaber nach dem Sprachstudium aus Neugier oder um einen kleinen Handel zu betreiben (Blue jeans, Taschenrechner, Ikonen), oder gar um sich abzusetzen, über Polen und die DDR in den Westen reisen oder auch in die Türkei, so ist es nötig, bei der äthiopischen Botschaft in Moskau mit Geld und guten Worten eine Erweiterung des Gültigkeitsbereiches des Passes zu erreichen. Dies alles war Gutama mit viel Glück und List gelungen. Und nun, im Januar 1989, ist er in Berlin, im »Westblock«, und erzählt.

Damals, 1986, als er nach Kiew reiste, war sein Vater schon seit 1982 im Gefängnis. Ihm war vorgeworfen worden, einem Oromo, dem die Flucht in den Sudan gelungen war, Unterschlupf gewährt zu haben. Vier Jahre mußte er dafür sitzen. Gefängnis heißt in Äthiopien immer auch schwere Folter. So reiste Gutama schweren Herzens nach Kiew. Andere Studentinnen und Studenten wurden nach Odessa oder Taschkent, Baku oder Moskau, Minsk oder Charkow geschickt. Die afrikanischen Studenten wohnen in Vierer- oder Sechserzimmern, wobei zwei Kommilitonen immer Russen sind – um beim Sprachstudium zu helfen, aber sicher auch als Aufpasser und Berichterstatter. Ein Freundschafts- oder Vertrauensverhältnis zu den Russen ergibt sich so gut wie nie, weder zu den Studentinnen und Studenten noch zur Bevölkerung ganz allgemein. Im Gegenteil, ähnlich wie jetzt aus China bekannt wird, begegnen die Schwarzen einem starken Rassismus der Weißen.[1] Gutama erzählt von einer abstrusen Folge des Rassismus: fast jeder schwarze Student hat Operationsnarben, sagt er und zeigt seine große »Blinddarmnarbe«: die liegt doch viel zu tief! Hier unten, fast am Oberschenkel, ist oder war nie und nimmermehr der Blinddarm! Ich hatte Magenschmerzen, ging zum Arzt und wurde sofort operiert – später sagte man mir, es sei der Blinddarm gewesen. Die Studentinnen und Studenten aus Afrika machen die Erfahrung, daß, sobald einer von ihnen über Schmerzen klagt, sich die Medizinstudenten im Krankenhaus auf sie stürzen und Operationen üben. Ich habe schreckliche Narben gesehen bei meinen Freunden, sagt Gutama.

Als ich vor Weihnachten im zentralen Kaufhaus von Kiew einkaufte, erzählt er weiter, sprachen mich drei Äthiopier auf englisch an: kann man das kaufen? Ist das gut? Und sie zeigten auf einige Artikel. Ich hatte gehört, daß sie untereinander Amharisch sprachen, die Staatssprache Äthiopiens, und antwortete in dieser Sprache: Sicher, das kaufe ich auch! Erstaunt sagten die Äthiopier: Wir dachten, du wärst ein Kubaner. Im weiteren Verlauf der Unterhaltung hörte Gutama, daß zwei von ihnen mit deutlichem Oromoakzent sprachen. Mit denen unterhielt er sich später gesondert in seiner Muttersprache und erfuhr, daß sie als Angehörige der äthiopischen Luftwaffe zu militärischen Spezialkursen nach Kiew gekommen seien und nun hier für Weihnachten einkauften. Diese militärischen Stipendiaten aus Äthiopien, von denen es nach Schätzungen Gutamas einige

---

1 Zum Rassismus in kommunistischen Ländern siehe das Kapitel »Fremdenhaß« (US. 136–141) in N. Bizimana »Müssen die Afrikaner den Weißen alles nachmachen?«, Berlin 1985.

Tausend gibt, sind teils Wochen, teils aber auch Monate oder Jahre in der Sowjetunion. Viele Oromo sind dabei, mehr als bei den zivilen Stipendiaten, bei denen immer strengere Auswahlmechanismen angewandt würden, um der Intelligenz unter den Oromo keine Chance zu geben. Das äthiopische Militär aber wird immer auf Nachschub aus dem größten Volk des Vielvölkerstaates angewiesen bleiben. Bis zu 60 % oder 80 % der Soldaten sind Oromo, je nach Truppenteil und Einsatzfront.

Bei solchen Zufallsbegegnungen im zentralen Kaufhaus in Kiew, aber auch unter den Studenten, kommt es meist nur zu einem sehr vorsichtigen Gespräch: jeder könnte ein Informant der äthiopischen Botschaft in Moskau sein oder ein Beauftragter des Kaders der äthiopischen Arbeiterpartei, die an jeder Universität in der Sowjetunion ein Büro hat. Diese Kader üben Druck und Kontrolle aus. Bei Versammlungen verkünden sie die politischen Tagesparolen aus Addis Abeba. Abweichende politische Meinungen werden nicht geduldet; schnell drohen Strafen wie Paßentzug oder Abschiebung nach Äthiopien.

Es gibt, so klagt Gutama, nirgends einen Ort, wo man ein ruhiges Gespräch unter Freunden führen könnte, keine einladende Bar, kein bequemes Restaurant. Wer sich einen gemütlichen Abend mit Freunden machen will, kauft im Laden Bier und Wodka, setzt sich mit seinen Freunden in seine Studentenbude – und lädt die ohnehin anwesenden Russen mit dazu.

Im Sommer 1988 fuhr Gutama, nachdem er auf die beschriebene Art zum Ticket gekommen war, nach Äthiopien, um seine Eltern und Geschwister zu besuchen. Er wurde Augen- und Ohrenzeuge der neuesten Entwicklungen in seiner Heimat. Seine Mutter war im Frühjahr 1987 sechs Monate im Gefängnis gewesen, zusammen mit zweihundert anderen Oromo, als Vergeltungsmaßnahme der äthiopischen Behörden, weil ein kleiner Trupp der Oromo-Befreiungsfront (OLF) völlig unerwartet den Ort Dabaka, unweit von Nedjo in der Provinz Wollega, überfallen hatte, wobei einige Offizielle der äthiopischen Arbeiterpartei ums Leben kamen. Ich kann Gutama sagen, daß dieser militärische Zwischenfall sogar auf deutschen und anderen europäischen Bildschirmen zu sehen war – ansonsten berichten die Medien bei uns nichts über den Widerstand der Oromo gegen die äthiopische Besatzungsmacht im Oromoland.[1]

Die Eltern und andere Familienmitglieder erzählten Gutama von der Allgegenwart der Oromo Befreiungsfront in weiten Teilen der Provinz Wollega und wie das alltägliche Leben davon bestimmt sei. Wenn die Oromo Landminen für Militärfahrzeuge legen, käme es auch vor, daß ein Zivilfahrzeug verunglücke. Dadurch kommen Wandel und Handel in Unruhe oder stagnieren. Auch der Zugriff der äthiopischen Behörden auf die Oromo wird schwächer und schwächer. Viele Eltern schicken ihre Kinder nun lieber zur OLF – auch weil es dort Schulen in der Oromosprache gibt –, um sie vor dem Dienst in der äthiopischen Miliz oder Armee zu bewahren.

Die Oromodörfer sind voller Krüppel, sagt Gutama, und das weiß er noch aus eigener Anschauung vor seiner Ausreise in die Sowjetunion im Jahre 1986. Von den Fronten in Eritrea, Tigray und Somalia (Ogaden) kehren die Versehrten zurück in ihre Heimatdörfer im Oromoland und müssen nun durchgefüttert werden – manchmal buchstäblich, weil ihnen die Hände fehlen.

---

1 Diese Unternehmung der OLF, die im Februar 1987 durchgeführt wurde, kam in die europäischen Medien, weil der italienische Reporter Almirigo Grilz dabei gute Videoaufnahmen machen konnte. Bei seinem nächsten Einsatz als Reporter wurde er in Mosambik von den Renamo tödlich getroffen (Mai 1987).

Wie soll das Land bestellt werden, wenn ein Großteil der Bevölkerung lahm und verkrüppelt ist?, fragt Gutama.

Im Bereich Gimbi/Nedjo, also in Westwollega, wären die meisten Kirchen der lutherischen Mekane-Yesus-Kirche, zu der seine Familie gehört, geschlossen – gebetet aber würde trotzdem, und wenn es unter Bäumen geschieht. Am schlimmsten wäre, so hätten ihm seine Eltern im Sommer 1988 erzählt, die Zerstörung aller Dörfer und Häuser der Bauern. Aus dem Material der großen, bequemen alten Häuser müssen kleine Hütten gebaut werden, in Reih und Glied, viel zu eng nebeneinander stehend, nach den peniblen Angaben der Partei. So kann die Partei jede Bewegung eines jeden Menschen ständig beobachten und dirigieren – aber die Landwirtschaft erleidet einen schrecklichen Rückschlag.

Der Besuch bei den Eltern war für Gutama Lamu deprimierend. Ihm ist deutlich geworden, daß er in diesem Chaos seine Kenntnisse als Ingenieur für Agrarchemie kaum zum Nutzen seines Volkes wird verwenden können und daß er bei der totalen Mobilmachung sehr schnell bei der äthiopischen Armee landen würde, um gegen die gut ausgerüstete und erfahrene Eritreische Volksbefreiungsfront (EPLF) zu kämpfen, wo schon mehrere hunderttausend Oromo gefallen sind.

Als Gutama im Herbst 1988 nach Kiew zurückkehrte, stellte er fest, daß die Atmosphäre unter den Studenten sich verändert hatte. Unter dem Druck der Kader, möglichst schnell das Studium abzuschließen oder auch ohne Abschluß sofort nach Äthiopien zurückzukehren, um im vaterländischen Krieg gegen Eritrea sich zur Verfügung zu stellen, haben die Oromo begonnen, sich zu organisieren. Kreuz und quer durch die riesige Sowjetunion wird nun telefoniert und auch ins westliche Ausland. Das Bewußtsein der Oromo erwacht. Sie wagen kleine, heimliche Versammlungen. Ihre Geduld und ihre Bereitschaft, sich als Kanonenfutter und Menschen zweiter Klasse, als Bürger minderer Rechte, im äthiopischen Imperium opfern zu lassen, schwindet. Jeder sucht nach Auswegen. Berlin (West) ist ein möglicher. Nach Gutama werden noch mehr Studentinnen und Studenten aus dem Osten kommen – um bei uns ein langes Asylverfahren durchzustehen oder schleunigst in andere, gastlichere westliche Länder weiterzureisen.

Mit einer überraschenden Bemerkung schließt Gutama seinen Bericht: viele Oromo auf dem Lande gehören der orthodoxen Kirche an. Die sagt ihnen, Amharisch, die heilige Sprache der Liturgie, käme von Gott. Wie sollen die Bäuerinnen und Bauern sich da gegen das Amharisierungsprogramm der kommunistischen Regierung wehren, gegen die geplante Ausrottung ihrer eigenen Sprache, des Oromifa, und der Kultur der Oromo?

G. H., Februar 1989

Die Himmelsschänke

Aus dem Grenzgebiet
zwischen Sudan und Oromoland

Im Jahre 1939 erfand Kurt Kusenberg die Geschichte von der Himmelsschänke. Er erzählt von einem Kirchengebäude, einer Kathedrale, neben der, unter demselben Dach, sich eine Schänke befindet. Die beiden Räume, der heilige und der profane, sind architektonisch geheimnisvoll ineinander verschachtelt. Sie haben separate Eingänge, sind gesonderte Räume – in Wirklichkeit jedoch erlauben die Maße des Gebäudes die Existenz nur eines von beiden, Kirche oder Schänke. Wirklich unerklärlich aber war dieses Nebeneinander oder Ineinander, und es gab nie endende Debatten über diese Wunder und Rätsel. Ging man zu dieser Tür hinein, befand man sich in der Kirche und konnte nicht glauben, daß eine Schänke im selben Raumvolumen sich befinden sollte und umgekehrt.

In den letzten Jahren, bei meinen regelmäßigen Reisen in den Sudan, bei meinen Kontakten mit den vielen tausend Oromo, die in den Sudan geflohen sind, und bei meinen Gesprächen mit den Entronnenen, auch bei meinen Berichten darüber in Zeitungen und Büchern, in Radio- und Fernsehbeiträgen, bei Vorträgen oder bei Konferenzen wurde ich oft an diese Himmelsschänke erinnert. Meine Gegner sagten mir nämlich: Aber das gibt es doch gar nicht. Hier steht eine herrliche Kathedrale, keine Schänke. Was du gesehen hast, ist pure Einbildung und Spinnerei. Es gibt keine Oromo, kein Oromovolk, kein Oromoland. Es gibt nur Äthiopien oder Abessinien. So ging der Streit über Jahre.

Bei meiner jüngsten Reise, die mich tief in den Südsudan führte, bis an die Pforten des Oromolandes, habe ich erstmals über diese leidige, nicht selten verletzende Debatte lachen können. Diesmal war ich mehr denn je in Kontakt mit dem Oromovolk, dem größten Volk am Horn von Afrika. Ich habe aufs neue von den ungeheuren Leiden dieses Volkes gehört, die, wenn man so etwas vergleichen kann, schwerer sind als etwa die der Schwarzen im südlichen Afrika. Und ich habe auch deutlicher als je die Widerstandskraft der Oromo kennengelernt, die den Machthabern in Äthiopien (und Moskau) schwer zu schaffen macht.

Die Größe und Kraft des Oromovolkes war mir natürlich längst bekannt. Seit 1979 unterstützt das Berliner Missionswerk ja nicht ein Phantom, sondern leibhaftige Opfer der äthiopischen Militärdiktatur: entwurzelte Oromo-Christen und Muslime, Bäuerinnen und Bauern, die aus äthiopischen Zwangsarbeitslagern in den Sudan hatten fliehen können. Alle diese Oromo hatten nun in Yabus Zuflucht gefunden, einer herrlichen Stadt, ca. 700 km südöstlich von Khartoum, der Hauptstadt des Sudan, und ich habe sie dort besucht.

Im Jahre 1982, als ich Yabus zum erstenmal besuchte, stand dort nur ein einziger riesiger Baum und in seinem Schatten eine kleine Hütte, die als Klinik eingerichtet war. Damals begann das Oromo-Hilfswerk, die Flüchtlinge aus dem Oromoland hier zu sammeln und anzusiedeln. Heute, fünf Jahre später, ist hier eine Flüchtlingsstadt von über 5000 Einwohnern entstanden mit Schule, Klinik, Kinderheimen, Verwaltung, Lagerräumen, Großküche und landwirtschaftlich genutzten Flächen. Das Berliner Missionswerk hat mit seinen regelmäßigen Beiträgen, die ausschließlich aus Spenden aufgebracht werden, das Entstehen dieser »Stadt« ermöglicht. Ich sage ausdrücklich Stadt, denn es handelt sich nicht um ein Flüchtlingslager im Sinne von langen Reihen identischer Hütten und einem monotonen Leben ohne sinnvolle Tätigkeit.

Hier regeln die Flüchtlinge durch demokratisch gewählte Vertreter alle ihre Angelegenheiten selbst wie z. B. Schulbau, Wasserversorgung und, was gerade zur Zeit meiner Anwesenheit im Juni 1987 aktuell war, die Art der landwirtschaftlichen Nutzung des Bodens. Es wurde hart und ausdauernd diskutiert: sollen wir den uns von der sudanesischen Regierung zur Verfügung gestellten Boden gemeinschaftlich bearbeiten oder soll jeder für sich sein Feld bestellen. Die Mehrzahl der Bauern argumentiert lebhaft: Von Kollektivierung haben wir genug. Deswegen sind wir ja aus unserer Heimat, dem Oromoland, geflohen, weil uns verboten wurde, unsere eigenen Felder zu bestellen und wir gezwungen waren, auf großen Kollektivfarmen für die Regierung zu arbeiten. Das Gegenargument, daß hier im Sudan, in Yabus, die Ernte der gemeinsam bearbeiteten Felder ja voll und ganz den Bauern selbst zur Verfügung stünde und nicht von der Regierung konfisziert würde, hatte es schwer, sich gegen die tiefsitzenden Schrecken der erlittenen Zwangsarbeitszeit auf äthiopischen Regierungsfarmen durchzusetzen. Die Bauern beschlossen, hier in Yabus die wenigen Felder, die ihnen zur Verfügung stehen, gemeinsam zu bestellen – bei den geringen technischen Hilfsmitteln und Werkzeugen scheint das geboten. Als ich diese lebhaften Diskussionen der erfahrenen Bauern, die aus weiten Teilen des Oromolandes nach Yabus geflohen sind, miterlebte, mußte ich wieder an die skeptischen Bemerkungen meiner Gegner in den kirchlichen und entwicklungspolitischen Debatten in Deutschland und darüber hinaus denken, die immer wieder fragten (wörtlich): »Hasselblatt und seine zwei Oromo, was ist das schon?« In einem Brief des Direktors einer der größten kirchlichen Hilfsorganisationen an einen Pastor, der sich erkundigt hatte, warum so wenig zur Rettung oder zur Linderung der Not der Oromo getan würde, hieß es: »Zu Hasselblatts Büchern nehmen wir nicht Stellung« – den Büchern, die von der Existenz und von den unsagbaren Leiden des Oromovolkes berichten und auf die sich jener Pastor berufen hatte. Oder, noch im März dieses Jahres, bei einer großen Konferenz, bei der Hilfsmaßnahmen in Äthiopien diskutiert wurden, fragte mich Brian Neldner, der Leiter des Lutherischen Weltdienstes in Genf: »Ja, wo sind die Oromo, wo sind sie nur, ich sehe sie nicht!« – Dabei sind sicher 50 Prozent der Projekte des Lutherischen Weltdienstes, wenn nicht mehr, im Oromoland, das im Herzen Äthiopiens liegt. Aber die Experten reden nur mit den äthiopischen, abessinischen Offiziellen.

Schließlich, im Februar dieses Jahres, in einer Sendung des Bayerischen Rundfunks, sagte der Redakteur Peschke: »Hasselblatt redet von der Oromobefreiungsbewegung, die es leider gar nicht gibt.« Und so weiter. Einem Volk von 20 Millionen wird von klugen Entwicklungsexperten die Existenz bestritten. Das ist wie mit der Kathedrale und der Schänke. Die Experten aus Europa stehen alle in der abessinischen Kathedrale, hören auf die orthodoxen, gelegentlich lutherischen Orgelklänge, hören die Erläuterungen der von der äthiopischen Regierung bezahlten Fremdenführer und Dolmetscher und sind überwältigt, sind glücklich, halten sich für bestens, für umfassend informiert. Von einem Wirtshaus, einer Schänke, die in den gleichen Räumen oder unmittelbar nebenan sich befinden soll, haben sie nie gehört.

Auf der anderen Seite, wenn man zur anderen Tür hineingeht, ist man im Oromoland, auf demselben Territorium, im Gasthaus meinetwegen – um in Kurt Kusenbergs Erzählung zu bleiben –, und dort sieht man das genaue Gegenteil: Schwach, wenig solide oder wenig wirklich erscheint die äthiopische Militärregierung, die imposante orthodoxe Kathedrale, die abessinische Diktatur, und stark und nahezu allgegenwärtig die Oromobewegung. Die Oromo sind schließlich das größte Volk in Äthiopien und bewohnen weit über die Hälfte des Territoriums. Daß sie sich ihrer Stärke und Größe auch zunehmend bewußt werden, zeigte mir meine letzte Reise sehr deutlich.

G. H., August 1987

Gummi Arabicum

Geshi (= Priester in der Tigrinya-Sprache) Asgelle Gebre Selassie erzählte mir seine Geschichte am Abend des 11. Dezember 1982 in Damazien, 550 km südöstlich von Khartoum. Geshi Asgelle ist sehr dunkel, hat ein kleines, schmales Gesicht und sprach vor lauter Bescheidenheit so leise wie ein kleines Vögelchen, daß der Dolmetscher ihn kaum verstand. Wir brauchten zwei Dolmetscher: der eine übersetzte von der Tigrinya-Sprache in das Amharische und der nächste vom Amharischen ins Englische. Das Amharische verstehe ich zum großen Teil. Aber weil ein Reisebegleiter dabei war, der keine afrikanische Sprache versteht, mußte auch ins Englische übersetzt werden.

Die Heimat von Geshi Asgelle ist die Kirche Arbait Insesa im Dorf Mayweyn, Kreis Intitscho, Regierungsbezirk Adua, Provinz Tigray. Adua liegt ganz in der Nähe von Aksum. Beide Orte sind berühmt, und beide sind auf den meisten Landkarten von Äthiopien zu finden. Aksum war jahrhundertelang Sitz eines heidnischen afrikanischen Königtums und danach für einige Jahrhunderte (ab 350 n. Chr.) Hauptstadt des christlichen abessinischen Reiches. In Adua fand 1896 jene große Schlacht statt, in der die Italiener vernichtend vom äthiopischen Kaiser Menelik II. geschlagen wurden. Der Name der Kirche Geshi Asgelles »Arbait Insesa« bedeutet: die vier Lebewesen, die Gottes Thron tragen. Der Priester erzählte:

Zu Beginn des Jahres 1982 sagten uns Abgesandte des Derg (der marxistischen Militärregierung), daß wir nach Sidamo, ganz in den Süden des Reiches, fast an die Grenze nach Kenya, umgesiedelt werden sollten. Fast alle weigerten sich, da wir von früheren Umsiedlungen gehört hatten und wußten, daß ein elendes Leben in Lagern oder im Urwald das Ziel war und daß viele dieser Umsiedler an den Entbehrungen gestorben waren. Jeder, der sich weigerte, in den Süden umgesiedelt zu werden, mußte 100 Birr (äthiopische Dollar) Extrasteuer zahlen. Soviel Geld hatte keiner von uns, da ohnehin eine Unzahl von Steuern gezahlt werden muß. Also zog jeder, der diese Extrasteuer aufbringen mußte, in die nächste Stadt und versuchte, auf irgendeine Weise Geld zu verdienen.

In der nächsten Stadt aber wurden wir von den Kadern des Derg aufgesammelt und abtransportiert, erzählte Geshi Asgelle weiter, und über Aksum und Asmara nach Addis Abeba gebracht. Alles mit dem Flugzeug. Von Addis Abeba wurden wir mit Lastwagen in die Provinz Godjam gebracht, jetzt auch Gondar genannt, in jene trockenen Wälder, die sich nördlich des Blauen Nil von Äthiopien bis in den Sudan erstrecken. Dort wurden wir aus den Lastwagen ausgeladen, und uns wurde gesagt: sammelt fleißig Gummi Arabicum. Bezahlt werdet ihr nach einigen Monaten, wenn ihr die Ernte abliefert.

Es war dort aber gar kein Wasser, sagte Geshi Asgelle, und wir hatten auch so gut wie nichts zu essen. Wir bauten uns Hütten aus Zweigen. Wir waren verzweifelt. In unserer Gruppe waren etwa 600 Männer aus Tigray. Viele starben einfach in der Hitze. Sie schlugen die Wunden in die Bäume, um das Harz zum Fließen zu bringen, und legten sich dann neben einen Baum, um nicht mehr aufzustehen. Wir waren alle so schwach. Das heiße Klima war ungewohnt. Als einige Männer dann das geronnene und getrocknete Harz, also das Gummi Arabicum, eingesammelt hatten und ablieferten, bekamen sie doch keinen Lohn. Wir haben euch all die Monate ernährt, war die Erklärung, obwohl den Verschleppten so gut wie gar nichts zum Lebensunterhalt gegeben worden war.

Schließlich beschloß eine Gruppe von etwa 60 Männern, zu fliehen. Wir haben mit großer Anstrengung den Sudan erreicht. Wir wollen wieder zurück nach Tigray. Aber nicht in jenen Teil, den die marxistische Zentralregierung beherrscht, sondern dorthin, wo die Tigre selbständig sind. Die Befreiungsfront der Tigre hat gut 60% unseres Landes erobert. Dorthin wollen wir möglichst bald zurückkehren, sagte der Priester Asgelle Gebre Selassie mit seiner leisen, kaum hörbaren Stimme, denn dort dürfen wir unsere eigene Sprache sprechen, dort wird das Land gerecht verteilt, und keiner wird gezwungen, auf Staatsfarmen Sklavenarbeit zu leisten.

Und dann erzählt Geshi Asgelle einige wenige Beispiele aus dem Alltag unter der Herrschaft der marxistischen Zentralregierung, wie er ihn selbst erlebt hatte. Er sagte: Wir arbeiteten dort hart auf den Feldern. Wir ernteten gar nicht viel. Aber die Soldaten des Derg kamen und verbrannten die Ernte. Wir versuchten die Ernte zu verstecken. Selten gelang das. Die Soldaten nahmen sich die Frauen der Priester und vergewaltigten und töteten sie. Dann nahmen sie große Trommeln, die von den Priestern bei der Liturgie geschlagen werden, und man mußte angesichts der Leichen der eigenen Angehörigen tanzen. So treiben sie ihren grausamen Spott mit uns. Unsere Dörfer sind auch von den Flugzeugen des Derg bombardiert worden. Wenn wir Holz geschlagen hatten für einen Kirchbau, wurde es von den Soldaten oder Kadern des Derg fortgenommen oder verbrannt. Schwangere Frauen haben die Soldaten aufgeschlitzt und die Kinder getötet. Man will offensichtlich ganz Tigray entvölkern. Als wir zum Sammeln von Gummi Arabicum deportiert wurden, hörten wir auch den Satz: Tausend Tigre sollen sterben für einen Tropfen Gum.

Nach diesem langen Gespräch mit dem Priester Asgelle ging ich auf den Markt in Damazin und kaufte für ein sudanesisches Pfund eine große Tüte voll Gummi Arabicum. Ich wollte den Stoff, für den viele tausend Bauern und Priester drüben in Äthiopien ihr Leben lassen müssen, sehen und anfassen. Abends, als wir mit der Gruppe der Flüchtlinge unseren gesalzenen Kaffee getrunken hatten, legte ich einige Stücke des bernsteinfarbenen Harzes auf die glühenden Holzkohlen, und im Nu waren wir alle eingehüllt in eine Wolke strengen Wohlgeruchs.

G. H., Januar 1983

Das geheime Lachen
im Bambuswald

»Der Meisterdieb« heißt das Märchen, in dem viel vom geheimen Lachen die Rede ist. Es ist eine jener Erzählungen, die Elsa S. von Kamphoevener (1878–1963) bei den alttürkischen Nomaden gehört und immer wieder erzählt und schließlich aufgeschrieben hat, als sie, verkleidet als Mann, mit den Nomaden und Kaufleuten durch die Weiten Vorderasiens streifte. Alis kluges, herzliches, gütiges – gelegentlich auch bitteres – Lachen ist geheim, nicht weil er sich nur mit wenigen im Einverständnis wüßte, sondern der Tiefe wegen, aus der es aufsteigt: aus der tiefen Freude an Gerechtigkeit, Schönheit und Güte – auch am Spaß daran –, die der Dieb sucht, für die er seine hohe Kunst einsetzt und die er schließlich findet. Dieses geheime Lachen durchzieht jene Geschichte vom Meisterdieb Ali, und im Oromoland, besonders im Bambuswald, habe ich solches Lachen gehört – und herzlich mitgelacht. Ali sollte nach seines Lehrers und Meisters Wunsch »ein ganz großer Dieb werden, einer, der sich nicht mit Spielereien begnügte, sondern es verstand, das Eigentum so zu verschieben, daß es sich gleich dem Regen verteile. Welch ein Traum, und wie sehr war er wert, geträumt zu werden!«

Ein anderes, »seriöseres«, Buch, das ich für diese Reise mitgenommen habe, ist von Hannah Arendt: »Die Elemente und Ursprünge totaler Herrschaft« (München 1986). Wie die patriarchalische Diktatur Haile Selassies sich unter seinem Nachfolger zum totalen Staat wandelt und wie die Elemente totaler Herrschaft sich heute in Äthiopien auf besondere Weise mischen, das ist mit dem philosophisch-politologischen Instrumentarium Hannah Arendts leicht zu erkennen. Die Oromo, von den Abessiniern, die in ihr Land eindrangen und es als Kolonie ausbeuten, unterworfen, wehren sich entschlossen und finden ihre nie völlig verlorengegangene Identität als Volk wieder, nicht als Rassehorde, was die Nazis sein wollten; nicht in einer mystisch-religiösen (romantischen) Pan-Bewegung, wie gewisse intellektuelle Germanen und Slawen sich verstanden und Vorläufer wurden und Wegbereiter für Nazismus und Bolschewismus; auch nicht »völkisch« im Sinne eines erwählten Volkes, an dessen Wesen die Welt – oder doch das Horn von Afrika – genesen sollte; nein, als ein ganz normales Volk finden die Oromo heute in der eigenen Sprache und Geschichte, den eigenen demokratischen Traditionen und in ihrer ökologisch ausgewogenen Wirtschaft im eigenen Territorium ihre Identität wieder. Sie schütteln die abessinische Fremdherrschaft ab, die alles zerstört, eine Fremdherrschaft, die sich unter ungeheuren Menschenopfern, wie jede totale Herrschaft sie fordert (Hitler, Stalin...), im Oromoland festkrallt.

Ein Element totaler Herrschaft allerdings hätte Hannah Arendt in Äthiopien vermißt: den Mob und die Massen, die dem jeweiligen Führer zujubeln oder ihm den Weg bereiten; bei näherem Zusehen allerdings hätte sie erkennen können, daß die in Äthiopien fehlende Massenbasis oder die Rolle, die ihr im totalen Staat zufällt, ersetzt wird durch die massenhafte Unterstützung der äthiopischen Regierung seitens westlicher Hilfsorganisationen, ohne deren Unsummen und hingebungsvolle Kooperation die abessinische Fremdherrschaft im Oromoland längst nicht mehr aktionsfähig wäre. Und der Mob, der bei der Etablierung totalitärer Herrschaft eine wichtige Rolle spielt – die entwurzelten Intellektuellen und Arbeiter –, im äthiopischen Imperium gab es ihn so kaum. Darum muß der Mob, sofern nicht die oben genannten Ausländer auch diese Rolle übernehmen, mit Gewalt aus den noch intakten Völkern des Nationalitätenstaates geschaffen werden: alle Bauern, ohne Ausnahme, werden entwurzelt und in Staatssiedlungen zum willfährigen oder besser willenlosen Mob degeneriert: das ist der Plan. Die unterworfenen und bis aufs Blut gedemütigten Völker wehren sich – aber das freundliche Ausland in Ost und West unterstützt diese Maßnahme. Die Dorfzerstörung, die in Rumänien als verabscheuungswürdig empfunden wird, gilt in Äthiopien als glückliches Entwicklungsprogramm – es handelt sich ja nur um Schwarze.

Das Lachen über die Leichtgläubigkeit der Hilfswerke

Am Ende der Trockenzeit ist der Bambuswald hier im Bezirk Begi-Westoromoland, Westwollega (Westäthiopien) silberhell. Das klare Licht, die leicht und streng aufragenden Bambusbüsche, darunter und dazwischen, von der Natur kaum unterschieden, die Häuser aus demselben Material – das alles begünstigt eine Atmosphäre von Disziplin und Meditation, Lauterkeit und Heiterkeit oder auch: Konzentration und Stille. Bei den kargen und wenig abwechslungsreichen Mahlzeiten, zu denen jeder aus seiner Bambushütte, wo er gearbeitet oder geruht hat, gerufen wird, sitzt die Gruppe der Oromoführer mit den Gästen aus Berlin in einer offenen runden Bambushütte: Um 7 Uhr wird Kaffee oder Tee getrunken, um 11 Uhr gefrühstückt, um 15 Uhr gibt es wieder Kaffee und Tee und um 20 Uhr die zweite und letzte Mahlzeit – das allafrikanische Fladenbrot in der Oromoversion mit Bohnen, gelegentlich durch das

Fleisch einer Ziege oder eines Kudu ergänzt; in der Regenzeit kommen allerlei Gemüse dazu. Jetzt, im April, reift die riesige Frucht der Dum-Palme, kinderkopfgroß, orangefarben mit kinderfaustgroßem Stein im fasrigen Fleisch, aus dem sich der nahrhafteste Saft pressen läßt – leicht fermentiert ist er paradiesisch, genau zwischen Mango und Aprikose liegt der Geschmack.

Die Mahlzeiten, obwohl nicht selten in tiefem, klösterlichem Schweigen eingenommen, sind auch der Ort für Gespräche, die sich, wenn die Gelegenheit oder ein Gutschitrunk (Gutschi heißt die Dum-Frucht in Oromiffa) es ergibt, lange hinziehen können.

Dima, ein führender Oromo: Schulen in Äthiopien? Schlechter als je zuvor – vielleicht 20 % der Bevölkerung geht heute zur Schule. Das Niveau ist miserabel. Ein Absolvent der Universität kann sich heute kaum in Englisch unterhalten. Es gibt, laut Innenministerium, ca. 3000 Städte in Äthiopien. Davon haben 600 eine Schule, – wie kann die Regierung Schulen für all die 50 000 neuen Staatssiedlungen versprechen, wenn sie nicht in der Lage ist, die existierenden Städte damit zu versorgen? Das ist eine der plumpen Lügen, mit der die »Verdorfung« – es handelt sich immer noch zuerst um Dorfzerstörung – dem westlichen Ausland gegenüber gerechtfertigt wird; wie gerne wird diese Lüge geglaubt! Ebenso verhält es sich mit der versprochenen Wasserversorgung und der Elektrizität! Die gibt es sogar nur in ganz wenigen Städten – wie soll das nun in 50 000 Staatssiedlungen verwirklicht werden?

Dima: An der Universität in Addis Abeba sind nun, da Studenten gleichmäßig aus allen Landesteilen zugelassen werden, über 50 Prozent Oromo. Das irritiert die Zentralregierung sehr. Früher waren es fünf Prozent. Das mag einer der Gründe sein, warum die Universität von der Regierung ganz vernachlässigt wird: Das Niveau ist so sehr gefallen, daß die Examina nicht mehr von anderen Universitäten in Afrika anerkannt werden, und die Universitätsküche ist so schlecht und karg, daß die Studenten, vom Hungertode bedroht, einen verzweifelten Protestmarsch unternahmen – der normalerweise die sofortige Erschießung zur Folge hätte. Die Studenten sagten sich: wenn wir verhungern sollen, dann können wir auch jetzt gleich auf der Straße sterben.

Die abessinischen Studenten aber, vornehmlich Amharen, erhalten in großer Zahl Stipendien, um im Ausland zu studieren.

Über die Möglichkeit und den Wert eines Ausfluges nach Aira

Wir saßen im Bambuswald, und ich erzählte: In Bad Salzuflen (1986), als die Synode der EKD auf über zwei Jahrzehnte Tätigkeit im Bereich Hilfe für die Armen in der Dritten Welt (Brot für die Welt, EZE, KED...) zurückschaute, wurde der Neubau eines Krankenhauses in Aira von vielen anderen möglichen Projekten, die insgesamt ein Volumen von ca. vier Milliarden DM erreichen (in zwei Jahrzehnten), als eine mustergültige entwicklungspolitische Maßnahme vorgestellt. Bei dieser Vorstellung war, so wurde mir berichtet, vom politischen Umfeld kaum die Rede: als wenn noch ein gütiger Kaiser sein leider etwas rückständiges Volk regierte.

Ich fragte die Freunde im Bambuswald: Kann Aira nicht bald der Testfall sein für die Frage, ob der Kirchliche Entwicklungsdienst es ernst meint mit seiner Regel, Hilfe, wenn die politische Situation es gebietet, über eine Befreiungsbewegung abzuwickeln? Soll ich in einem Gespräch mit meinem Freund Dr. Kretschmer in Aira, der früher dort als Arzt tätig war und in diesen Ostertagen seine alte Wirkungsstätte besucht, und der, wenn ich mich recht erinnere, den Neubau befürwortet hat, diese Frage ansprechen? Mein Besuch dort wäre sicher ein spektakuläres Ereignis in der Missionsgeschichte.

Meine Freunde im Bambuswald, Führer der Befreiungsbewegung der Oromo, sagten: Sicher kannst du das. Sicher können wir mit dir dorthin gehen. Unsere Kräfte sind schon seit Jahren nur drei Kilometer von Aira entfernt. Wir können dich hinbringen – aber es dauert natürlich einige Tage. Wir müssen viel zu Fuß gehen. Und außerdem: warum ist dir das so wichtig? Für uns ist Aira überhaupt nicht wichtig. Es ist sozusagen kein strategischer Punkt in unserem Befreiungskampf.

Ich sagte: Aira ist für die deutschen Kirchen und Entwicklungshelfer nicht nur ein Punkt auf der Landkarte. Es ist ein ganz wichtiger und fester Punkt oder Wert in den Köpfen von vielen evangelischen Christen. Seit Jahrzehnten beschäftigt Aira, und speziell das Krankenhaus dort, die Überlegungen kirchlicher Entwicklungsexperten. Wird Aira nur noch zugänglich durch die Wege der Befreiungsbewegung der Oromo, so kann es sein, daß der Beginn eines ersten Anzeichens eines Umdenkens bei den deutschen Entwicklungsexperten am Horizont auftaucht, daß die Liebe zu den Zielen der äthiopischen Regierung abkühlt. Dann kann der lange Abschied beginnen vom krampfhaften Festhalten an rein politischen Maximen wie der Einheit Äthiopiens, die auch um den Preis des rigorosesten, menschenverachtenden politischen Systems und jahrzehntelanger Kriege behauptet werden sollte.

Dima: Diesmal gehen wir mit dir nicht nach Aira. Es würde zu anstrengend werden. Deine Freunde in Deutschland und Schweden werden ihre Lektion auch so lernen. Wir haben ihnen alles vorausgesagt. Sie aber schämten sich unser, wollen nicht mit uns zusammen gesehen werden. Beantworten unsere Briefe nicht.

Noch arbeiten sie an der Seite unserer Unterdrücker. Aber sie werden zu uns kommen und um den Zugang nach Aira bitten, wenn es denn wahr ist, daß ihr Herz an den Bewohnern der Gegend dort, an den Oromo, hängt und nicht im Gleichklang mit den Machthabern in der Zentrale schlägt.

Plötzlich spricht man amharisch im Bambuswald

Oromiffa ist hier natürlich die Arbeitssprache, die Umgangssprache, das Lebenselixier. Ich liebe die Bibel von Onesimus Nesib (1856–1931), die Kraft seines bäuerlich kräftigen Oromo, sagt Yohannes, ein anderer führender Oromo: Ich weiß, daß Onesimus Nesib aus Metcha stammt, die Sprache jenes Volksteiles im Zentraloromoland sprach. Er übersetzte um die Jahrhundertwende in einer lebendigen, reichen und urtümlichen Sprache. Ebenso liebe ich die Sprache der alten King James Bibel. Die neue Oromiffa Bibelübersetzung aber kann nicht so gut sein, denn die Übersetzer schöpfen nur aus dem begrenzten und abgeschliffenen Sprachschatz Westwollegas. In der Befreiungsbewegung der Oromo wird sehr bewußt an der Entwicklung der Oromosprache gearbeitet. Wir haben gebildete Sprecher aus allen Landesteilen des Oromolandes, aus Arsi, Hararghe, Bale, Shoa, Wollega, Illubabor. Aus allen Landesteilen und aus allen Religionen. Darum ist unsere Sprache viel reicher als die der jetzt im Auftrag der Bibelgesellschaft arbeitenden Übersetzer.

Bei der historischen Konferenz der Delegierten der OLF, die vom 18. bis zum 22. Februar 1988 etwas außerhalb des Bambuswaldes im Bezirk Begi stattfand – Radio EPLF hat darüber berichtet –, wurde der Bericht der Führung (elf Stunden, mit Unterbrechungen) in einem Oromo erstattet, das die Frucht mehr als fünfzehnjähriger gemeinsamer Arbeit von Oromo aus allen Landesteilen ist. Der Bericht umfaßt die Geschichte der OLF von 1973 bis zur Gegenwart, erzählt von Fehlschlägen und Erfolgen und zeigt Perspektiven für die nähere und fernere Zukunft auf. Entschlüsse wurden gefaßt, die alle Oromo, die wir bei dieser Reise trafen, mit Hoffnung, Mut und Zuversicht erfüllten.

Zur Entwicklung der Oromosprache muß angemerkt werden: Von November 1976 bis zum März 1977, als der Sender »Stimme des Evangeliums« in Addis Abeba von der kommunistischen Regierung verstaatlicht wurde, gab es, genehmigt von der Mekane Yesus Kirche, vom Lutherischen Weltbund als dem Träger des Senders und vom Informationsminister der äthiopischen Regierung ein besonderes »Oromoprogramm«, nachmittags von 15 bis 17 Uhr. Dazu wurden acht neue Mitarbeiter eingestellt, je zwei aus den Oromo-Provinzen Arsi, Bale, Shoa und Hararghe – aus Wollega waren ohnehin Oromo am Sender tätig. Es wurde viel Mühe darauf verwandt, den Reichtum des Oromiffa auszuschöpfen, zu erfassen, nutzbar zu machen – eine der Mitarbeiterinnen war Frau Martha Kumsa, die im Jahre 1987 von PEN International als Ehrenmitglied ernannt wurde – von 1980 bis 989 war sie ohne Anklage im Gefängnis in Addis Abeba. Leider spricht PEN immer von der *äthiopischen* Schriftstellerin; verhaftet und schwer gefoltert war sie jedoch, weil sie in Oromo schreibt. Pastor Gudina Tumsa, der am 28. Juli 1979 verschleppte und höchstwahrscheinlich noch am selben Tage ermordete Generalsekretär der Mekane Yesus Kirche, hat größtes Interesse an diesem Programm genommen und nächtelang mit den Verantwortlichen darüber diskutiert. Diese Sprache, die im äthiopischen Imperium, sei es kaiserlich, sei es kommunistisch, in keiner Schule gelehrt werden durfte oder darf, obwohl es die Muttersprache von inzwischen zwanzig Millionen Menschen ist, diese Sprache hat ihren Reichtum kaum pflegen und entfalten können – jetzt, im befreiten Oromoland, blüht sie auf. Das Oromo ist im Bambuswald die Arbeitssprache und die Heimat.

Und doch wurde Anfang April sehr viel Amharisch im silberhellen Bambuswald gehört und gesprochen. Mengistus große, verzweifelte Rede am 31.3.1988 nach seiner großen Niederlage in Eritrea, wurde auf den feinschmeckerischen Oromozungen genußvoll nachgekostet. Mengistu fängt bei seinen Reden sehr gesittet und staatsmännisch an, so wie seine Berater ihm den Text vorlegen – zum Ende hin aber wird er oft wild, unkontrolliert, schleudert unzusammenhängende Sätze in den Raum. So war es auch am 31. März. Zunächst gab er den fälligen Rechenschaftsbericht vor den 200 Mitgliedern des ZK. Dann aber mußte er Stellung nehmen zu den spektakulären Siegen der Eritreer und Tigre, die bei einer überraschenden Offensive im März 1988 ganz ungeheuer große Mengen an Kriegsmaterial erbeutet und mehrere äthiopische Divisionen vernichtet hatten. Er schrie: »Diese Shibretenotsch – Terroristen – sie zerstören oder werden zerstört! Auch wir werden zerstören oder zerstört werden! Wer ist der Feind? Er ist mitten unter uns!« Er sagte das so drohend, daß sich manche Mitglieder des Zentralkomitees angesprochen fühlen mußten. – Weiter sprach er von irregeleiteten Revolutionären. Der Krieg koste pro Jahr so viel wie der Bau einer Eisenbahn von einem Ende Äthiopiens zum anderen, oder wie 14 Industrien oder zehn Krankenhäuser! Nun könne es nicht mehr ein Krieg der Soldaten sein, sondern ein Volkskrieg – hisbawi torenet –, jeder sei aufgerufen, und jede Bauern-Organisation (es gibt offiziell 28 000) müßte 60 Personen für den Krieg bereitstellen.

Diese Rede war so verzweifelt und hysterisch wie die Blut- und Flaschenrede am 19.6.1977, als Mengistu fünf mit Blut gefüllte Flaschen aufs Pult nahm und vor dem vieltausendköpfigen Auditorium theatralisch zerschmiß: So geht der Imperialismus dahin! So besiegen wir den Feudalismus! Damals, 1977, gipfelte der Ausbruch in »ethiopia tikdem!« »Äthiopien voran!« Es war eine Generalmobilmachung. Die jetzige Rede fordert: Ein Millionenheer von 15jährigen soll in den Tod geschickt werden – denn die Generationen davor, d. h. die Brüder und Väter, sind alle schon im Krieg und sehr viele bereits gefallen.

Amharisch wurde im Bambuswald gesprochen, Phrasen und Floskeln dieser Stammtischrede ungläubig wiederholt: Darf ein Präsident, ein Staatsmann, sich so gehenlassen? Ist er schon so am Ende?

Wiedersehen mit Yabus

In den Bambuswald gelangen wir von Khartoum aus in südlicher Richtung über Damazin und Yabus. 520 Kilometer fährt man bis Damazin, der Hauptstadt der Provinz Blauer Nil, wo sich das große Getreidelager des Oromohilfswerkes (ORA) befindet und wo die schweren Lastwagen der ORA stationiert sind. Von dort sind es noch 260 Kilometer bis Yabus, der Oromo-Flüchtlingsstadt. Im Mai/Juni 1987 hatte ich für diese Strecke sieben Tage gebraucht. Es war Regenzeit und die Wege grundlos. Jetzt fuhren wir in knapp 12 Stunden durch trockene lichte Wälder von Damazin nach Yabus, das nahe der Grenze Sudan–Oromoland liegt. Wir waren ein Konvoi von fünf schweren mit Lebensmitteln – Hirse, Bohnen und Sojaöl – beladenen Lastwagen. In Yabus wurde ein Teil ausgeladen, ein Teil fuhr weiter in den Bambuswald, d.h. in das Oromoland, um eine Schule mit 500 Kindern, eine Klinik, Flüchtlingsniederlassungen, Büros und weitere ORA-Vorratslager zu versorgen.

Das Wiedersehen mit Yabus war für mich ein Schock. Yabus war nicht mehr der sichere Hafen für die vertriebenen Oromo, wie ich es vor einem Jahr erlebt hatte. Am 19. August 1987 war diese Flüchtlingssiedlung von einer Einheit der SPLA, der südsudanesischen Befreiungsfront, überfallen worden, die in Addis Abeba ihre Zentrale hat und deren Eigenständigkeit – was die Führung in Addis Abeba betrifft – man mit Fug bezweifeln darf. In den letzten Monaten hatte Mengistu fast alle Führer und Intellektuellen (an die 60 Personen) der SPLA in Addis Abeba verhaftet – übrig blieben nur Dr. John Garang, William Nyuon Bany und Salva Kir. – Verschwunden in Mengistus Gefängnissen sind der rechte und der linke Flügel der SPLA. Der Überfall auf Yabus im August 1987, bei dem ca. 20 Flüchtlinge getötet wurden, war leider kein Einzelfall. Die SPLA hat öfter die Wege nach Yabus vermint, und wenige Tage, nachdem wir Yabus in Richtung Bambuswald verlassen hatten, wurde diese von den Oromo erbaute Flüchtlingsstadt erneut überfallen. Nach dreistündiger Schießerei konnten die Angreifer vertrieben werden (10. 4. 1988). Zum Glück gab es keine Verluste bei den Oromo. Vier Mitglieder der SPLA verloren ihr Leben. Wegen dieser zeitweiligen Unsicherheit sind viele der Kinder, die ich im Mai/Juni 1987 in Yabus getroffen habe, teils nach Damazin, teils in den Bambuswald gebracht worden; die meisten Flüchtlinge aber sind in Yabus geblieben.

Wir haben die Klinik in Yabus gesehen, die täglich bis zu 100 Patienten versorgt, einige Quartiere der Oromoflüchtlinge besucht, die sich hier Häuser gebaut haben und versuchen, Landwirtschaft zu betreiben, je nachdem wie der Regen fällt. Hauptsächlich aber war Yabus diesmal für uns Durchgangsstation nach Dirre, das Oromowort für Feld oder Land, womit die Oromo das von ihnen kontrollierte Gebiet bezeichnen. Dorthin, nach Dirre, verschiebt sich mehr und mehr der Schwerpunkt der ORA-Arbeit, dorthin sind alle Augen gerichtet. Alle Flüchtlinge, ob Kinder oder Erwachsene, wollen in Dirre leben, sei es in der Schule oder als Farmer. Dort sind sie in ihrer Heimat und dort, unter dem Schutz der Befreiungsfront der Oromo, sind sie am sichersten.

Marmor, Gummi, Gold und Kaffee

Und natürlich Hirse und Mais. Als Monokultur angebaut auf den Staatsfarmen oder bei den 50 000 neuen Zwangssiedlungen, die die Vielfalt der Gemüsegärten, Kleintierhaltung, Bienenhaltung der Bauern zerstört haben. Hirse und Mais, die in festgesetzten Quoten zu festgesetzten niedrigen Preisen abgeliefert werden müssen für die Zentrale, die Städte, die Armee, den Export. Bohnen, Fische, Wolle, Zucker, Marmor, Gummi Arabicum, Gold, Platin, Kaffee, Häute und Felle – das ist der Reichtum der Völker Äthiopiens, dazu kommen Zitrusfrüchte, Zibet, manches andere. Ali, der Meisterdieb, wußte, daß der größte Dieb des Landes der Padischah ist, der Alleinherrscher. Alis Ziel, das er sich als Meisterdieb gesetzt hatte, war, sich an die Stelle des Padischah hinaufzuarbeiten durch seine hohe Diebeskunst, mit viel Geduld und Geschicklichkeit, mit dem Einsatz aller seiner in hartem Training mit äußerster Disziplin erworbenen Fähigkeiten... damit sich der Reichtum »gleich dem Regen verteile«. Das geheime Lachen, das ständig in ihm wohnte und das er nur mit Mühe zurückhalten konnte, kam aus der Einsicht in diese Zusammenhänge, die keinem anderen vergönnt war: der Diktator ist der große Dieb und Räuber, der die Ärmsten noch ärmer macht; aber ich, der Meisterdieb, werde ihm durch meine Kunst das Handwerk legen!

Im Bambuswald am Rande des Oromolandes, auf freiem, eigenem Territorium der Oromo, haben wir über Marmor, Gummi, Gold und Kaffee gesprochen und über manchen gelungenen Streich der Oromo herzlich gelacht.

Gummi Arabicum ist das Harz der Bäume (Akazien und Mimosen), die im heißen Tiefland im Westen Äthiopiens wachsen. Es wird auch heute noch industriell verwertet, als Bindemittel, Klebstoff, Stärke... und ist darüber hinaus in vielen Religionen als Weihrauch beliebt, auch in Wohnhäusern und Gaststuben. Ein lukrativer Exportartikel. Die äthiopische Regierung unter Mengistu Haile Maryam hat bald nach dem Roten Terror 1977/1978 damit begonnen, in großer Zahl Zwangsarbeiter in die heiße wasserarme Gegend jener Bäume im Grenzland Äthiopien/Sudan, nördlich und südlich des Blauen Nils, zu transportieren, sie dort auszusetzen mit dem Befehl, das Harz zu sammeln und abzuliefern: danach würden sie Lohn erhalten. Unzählige verdursteten, darunter nicht wenige Priester aus Tigray – hohe Menschenopfer sind ein Element der totalen Herrschaft (H. Arendt). Der große Padischah braucht Geld für seine Armee und für den noch größeren Padischah in Moskau. Ich habe zu Priestern gesprochen, die mit allergrößter Mühe ihr Leben retten konnten aus dieser Hölle, wo viele ihrer Brüder – vermutlich auch viele ihrer Schwestern – kraftlos hinsanken neben den Bäumen, im Elefantengras, um nie wieder aufzustehen.

Die Befreiungsfront der Oromo hat diesem Spuk ein Ende bereitet mit dem wohl größten Rauchopfer aller Zeiten und aller Religionen. Allen Göttern im Himmel: Allah (islamisch), Eqziabiher (abessinisch), Waqa (Oromo) und God (für die frommen Missionare und braven Entwicklungshelfer)... mag es lieblich in der Nase gerochen haben, als die OLF die gesamte Gummi-Arabicum-Ernte, mehrere tausend Zentner Akazienharz, in der Nähe von Asosa bei einem der vielen dortigen Lager entzündete (August 1985). Zeugen berichten, daß der Rauch steil aufstieg. Die äthiopische Zentralregierung hat seitdem keine Priester mehr durch die Harzernte getötet, sie hat das Projekt aufgegeben. Kein Pastor oder Bischof einer befreundeten Kirche, kein Hilfswerk hatte für die Opfer auch nur einen Finger gekrümmt oder ein Wort gesagt. Die OLF mußte handeln.

Im Bambuswald hat man sich die Sache wohl überlegt: Alle stärken durch ihre Programme und Projekte und ihr Verhalten die äthiopische Zentrale. So müssen wir uns schon selber helfen, uns, und den vielen anderen von der Zentrale zum Tode Verurteilten.

Marmor, herrlicher schwarzer Marmor, wird bei Daletti im Oromoland, nördlich von Mendi, abgebaut und exportiert. Die abessinische Zentrale bezahlt vom Erlös, den sie beim Export erzielt, ihre Kriege gegen das Oromoland und gegen Eritrea und Tigray. Daletti wird nicht mehr lange von der abessinischen Besatzungsmacht ausgebeutet werden.

Eins der Grundrechte, die wir alle anerkennen, besagt, daß jedes Volk über seine Ressourcen selbst verfügen darf.

Kaffee, brauner Kaffee, wird aus dem Oromoland herausgepreßt mit viel Gewalt und Betrug: feste Quoten müssen die Oromobauern der abessinischen Besatzungsmacht abliefern, die ihnen dafür einen lächerlich geringen Preis zahlt, etwa ein Viertel des Weltmarktpreises. Der Gewinn wird genutzt für den Krieg gegen das Oromovolk. Kein Entwicklungshelfer sagt etwas dagegen. Darum hat man im Bambuswald, das geheime Lachen kaum unterdrückend, im Februar 1988 beschlossen, die große Kaffeestadt Mughi, ein Zentrum des Kaffeehandels in Westwollega, zu stürmen und die riesigen Autos, die den Kaffee nach Addis Abeba bringen, zu zerstören. Ihren Kaffee können die Oromo nun selber trinken.

Ähnlich verhält es sich mit dem Golde und demnächst wohl auch mit dem Platin. Da gab es eine moderne Goldwaschmaschine aus der Sowjetunion, die für den größten Padischah Gold aus den Flußufern des Oromolandes wusch – aber irgend etwas ist mit ihr passiert, und wie eh und je waschen Oromo sich ihr Gold wieder selbst aus ihren Flüssen, für den eigenen Gebrauch.

Ich sage meinen Freunden im Bambuswald und kann ein geheimes Lachen durchaus nicht unterdrücken: Was ihr tut und wie ihr es tut, ist genau in Übereinstimmung mit den im kirchlichen Entwicklungsdienst formulierten Grundsätzen. Als hätte der Autor, Dr. G. Linnenbrink, an euch gedacht, als er schrieb, daß »Abhängigkeit, Unterdrückung und Ausbeutung nicht das Ergebnis naturnotwendiger Bedingungen (seien), sondern Folge von politischen... Entscheidungen, die von Menschen verantwortet werden, und deshalb auch veränderbar sind. Zugleich signalisiert der Begriff ›Befreiung‹, daß die Aufhebung solcher Abhängigkeiten nicht von selbst erfolgt, sondern entschlossen gewollt und auch gegen Widerstand realisiert werden muß.« (Lutherische Monatshefte 1983, S. 437)

Bohnen, Fische, Wolle, Zucker

Bohnen: die weißen, kleinen, harten, nahrhaften, bequem zu verschiffenden, für Gulaschkanonen der Bundeswehr so geeigneten, diese Bohnen wurden auch während der großen Hungerkatastrophe aus dem Hungerland Äthiopien exportiert, nach Europa. Hilfswerke, wie das Notärztekomitee, kauften diese Bohnen in England auf und brachten sie zurück in das Hungerland Äthiopien. Sie hatten aber größte Schwierigkeiten, sie im eritreischen Hafen Assab aus dem Zoll zu bekommen, waren noch nicht erfahren und geschult in der Kunst, Schmiergelder zu zahlen. (Peter Beyersdorff, Hunger und Hoffnung, Express Edition, Berlin 1988, Seite 92)

Bohnen: die grünen, frischen, mit dem Flugzeug aus Addis Abeba nach Europa eingeflogenen in all den schlimmen Hungerjahren, auch am »Tag für Afrika« im Januar 1986: immer sind diese frischen grünen Bohnen aus Äthiopien auf den Gemüsemärkten in den Städten Europas. Frühmorgens werden sie im Marktbericht im Radio für die Hausfrauen angepriesen. Sklavenarbeit ist das, geringste Löhne werden auf den Entwicklungsfarmen gezahlt, die möglicherweise von europäischen Freunden gefördert werden wie die Zitrusplantagen für den Export, die das Bundesministerium für Wirtschaftliche Zusammenarbeit/Bonn eingerichtet hat für viele Millionen Mark. Nicht für den kleinen Mann, nicht für die Bäuerin und den Bauern, nicht für die Oromo, sondern für den abessinischen Staat sind solche Projekte gut.

Zucker – nur um daran zu erinnern, daß die Abessinier und ihre europäischen Freunde schon immer so waren – hatte die Handelsvereinigung Amsterdam (HVA) im Oromoland hergestellt, wohin sie der Kaiser einlud, als sie verzweifelt eine Verwendung für ihre im Zuge der Entkolonialisierung aus Indonesien herausgeworfenen Maschinen suchten. Hier, im Oromoland, funktioniert die Kolonialisierung noch: Oromostämme, u. a. die Dschile, wurden fast völlig vernichtet, als 18 000 Hektar fruchtbares Land am Awasch bei Wonji/Metahara, ca. 120 km südöstlich von Addis Abeba, der HVA als Zukkerplantage zugewiesen wurden, das Wohn- und Weideland des Dschile-Klans; es waren ja nur Oromo, kaum Menschen. Der Kaiser und seine abessinische Sippe hatten hier persönliche Interessen, er besuchte die Fabrik nicht selten. Abessinische Interessen im Oromoland. Menschenverachtend. Auch die Natur verachtend. Chemisch verseuchte Abwässer der Fabrik wurden in den Awasch geleitet, die den Oromo am unteren Flußlauf die Zähne ausfallen ließen – obwohl das leicht, durch sorgfältige Beachtung chemischer Gesetze, hätte vermieden werden können.

Im Bambuswald wurde mir berichtet, daß die OLF im Januar 1988 einige Lager bei Asosa und bei Bambishi zerstörte. In diesen Lagern wohnen Zwangsumgesiedelte aus Wollo. Als der kleine OLF-Trupp in das Lager kam, waren so gut wie keine Menschen dort: alle Insassen waren zum Bau weiterer Lager befohlen. Die OLF sagte den wenigen Wachen, sie sollten beiseite gehen, und zündete die Hütten an. Als am Abend die Bewohner zurückkehrten, liefen sie zur Zentrale nach Asosa und forderten Hilfe, forderten die Erlaubnis, endlich nach Wollo zurückkehren zu dürfen, in ihre Heimat, wo sie Nahrung genug erwirtschaftet hatten, bevor sie von dort mit brutaler Gewalt weggeholt wurden in dieses nun völlig kahlgerodete heiße Flachland.

Hilfsorganisationen und westliche Diplomaten wie weiland der Botschafter der Bundesrepublik Deutschland, Herr von Pachelbel, werden nun nicht mehr in die Musterlager bei Asosa geführt, um willig gemacht zu werden, diese Kolonialisierung zu finanzieren. Werden sie eigentlich noch nach Bale geführt, wo einst viele kirchliche Mitarbeiter die vom Lutherischen Weltbund betreuten Verdorfungen begutachteten? Bitteres Lachen im Bambuswald!

Aber noch ein Wort zu den Fischen und der Wolle, alles aus der Perspektive des Bambuswaldes, der Perspektive der Armen, die, davon ist die Arbeitsgemeinschaft kirchlicher Entwicklungsdienste der EKD überzeugt, über erhebliche Potentiale verfügen, die es zu fördern gilt. »Die Fähigkeit (der Armen), sich selbst zu organisieren, die Ziele des Entwicklungsprozesses eigenständig zu artikulieren und die erkannten Ziele auch durchsetzen zu wollen, ist ein nicht hoch genug zu veranschlagendes entwicklungspolitisches Potential.« (immer noch Dr. G. Linnenbrink)

Das Fischereiprojekt am Barofluß, geplant, um die Lebensqualität der Anuak zu heben, haben sicher nicht die Anuak selbst beantragt und formuliert. Sie sind mehr als die meisten anderen Völker Äthiopiens vom Völkermord bedroht und hätten nicht DM 285 000,– für Verpackung und Kühlung von Fischen beantragt, die sie gerne selbst verspeist hätten. Diese Fischerei, von Brot für die Welt bezahlt, ist eher für die Zentrale, den großen Padischah, konzipiert oder in seinem Auftrag geplant worden. Die Anuak hätten nur Ruhe und Zeit gebraucht und nicht die unzähligen Eindringlinge in ihr Habitat, die alles verändern und zerstören.

Die Wolle, weil im Bambuswald die Rede auch darauf kam: Im glühendheißen Awaschtal, ganz im Osten Äthiopiens, unweit der Küste des Roten Meeres, bei Assaita, wo der Sultan Ali Mirah, das Oberhaupt der Afar, residierte (unweit Djibouti), dort gab es bei Dubti große Baumwollplantagen. Unter ganz enormen »Menschenopfern« (siehe H. Arendt) mußten die des Klimas völlig ungewohnten, aus dem hochgelegenen Wollo hierher verschleppten Oromobauern Zwangs- und Sklavenarbeit leisten, Baumwolle ernten... Wer überlebte, das mörderische Klima überstand, wurde, welch gnädiges Schicksal, 1000 Kilometer westwärts an die Sudangrenze nach Asosa und Bambishi gebracht, in jene Lager, von denen es einige nun nicht mehr gibt. Vielleicht rundet sich ihr Schicksal und sie dürfen wieder heim in den Osten nach Wollo zu ihren fruchtbaren Feldern und Höfen. Nicht wenige der Wollo-Bauern haben allerdings, um dem Schicksal der völligen Entwurzelung zu entgehen, ohnehin bei der OLF Zuflucht gesucht, besonders Jugendliche – ich traf etliche von ihnen im Bambuswald.

Die Himmelsschänke

Ich möchte an dieses Bild erinnern, das ich schon einmal aus einer Erzählung von Kurt Kusenberg geborgt habe: Je nachdem durch welche Tür man das vertrackte Gebäude betritt, das sowohl Kirche und Schänke birgt, jedoch in einem Raumvolumen, das eigentlich nur Platz für eins von beiden bietet, befindet man sich im profanen oder im sakralen Bereich. Wer durch Addis Abeba – ursprünglich und auch heute noch von den Oromo Finfine genannt oder Schaggar – in das Oromoland reist, meint im Staate Äthiopien zu sein, hat mit äthiopischen Behörden zu tun, sieht alles entsprechend der äthiopischen Interpretation: Die Zwangsumsiedlung und die Dorfzerstörung sind gut für den äthiopischen Staat! Wir müssen die gewaltsame und eilige Umwandlung des Vielvölkerstaates in eine einförmige, atomisierte Massengesellschaft, wo jeder einzelne jeden Augenblick vom Staat kontrolliert und versorgt wird, billigen und unterstützen! Auch die Propagandalüge, es würden sich nur einige konservative reaktionäre Banditen diesem Prozeß widersetzen, wird akzeptiert von dem, der durch Addis Abeba einreist. Wer aber durch den Bambuswald in das Oromoland kommt, weiß, daß er in einem Lande ist, in dem die Bewohner selbst Herr sein wollen und vielfach schon sind.

Diese beiden Bereiche existieren neben- und ineinander. Das mußte nun eine Gruppe ausländischer und äthiopischer Hilfskräfte eines riesigen Komplexes von Staatssiedlungen bei Nedjo und Gimbi in Wollega (Jarso) am eigenen Leib erfahren, da sie am 28.4.1988 von einer OLF-Einheit gebeten wurden, mit ihnen in den Bambuswald zu kommen, zur Regierung, zu den Behörden des freien Oromolandes. Am Dienstag, dem 2.Mai, langten sie in Faschimi an, dort wo zwei Mitarbeiter des Berliner Missionswerkes vom 1. bis zum

3. April wohnten, wohin wir vom Bambuswald aus gefahren waren. Nun verstehe ich auch, oder ich vermute, warum meine Freunde mir abrieten, Aira, das Krankenhaus der Mekane Yesus Kirche und die dortigen Mitarbeiter und Gäste der Hermannsburger Mission, zu besuchen. Diese beiden Aktionen, die geplante Aktion der OLF gegen die Lager der äthiopischen Regierung, die – wie sich später herausstellte – zur unbeabsichtigten Gefangennahme der beiden Mitarbeiterinnen von Concern führte, und mein Besuch in Aira, sollten nicht gleichzeitig, nicht zeitlich und räumlich so dicht nebeneinander stattfinden.

Die Oromo hatten des öfteren höflich, freundlich, aber bestimmt, der irisch-katholischen Hilfsorganisation Concern (Dublin) gesagt, sie sollten sich nicht von der äthiopischen Regierung mißbrauchen lassen für Arbeiten bei den Umsiedlungsprogrammen und bei der Dorfzerstörung und der Entwicklung von Staatssiedlungen (villagization). Concern hörte nicht. Concern blieb dabei. Concern hat in seiner Propaganda diese Programme, die das Oromoland zerstören, gelobt und gepriesen als eine gute Entwicklungs- und Nothilfemaßnahme. Concern hat die äthiopische Regierung, die Besatzungsmacht im Oromoland, kräftig politisch unterstützt, sehr zum Schaden der einheimischen Oromobevölkerung.

Die Himmelsschänke hat zwei Türen: Finfine und den Bambuswald. Die beiden unschuldigen katholischen Krankenschwestern und die wahrscheinlich weniger unschuldige Leitung von Concern haben nun die Möglichkeit einer gründlichen Neuorientierung in dem vertrackten Raum. Mittlerweile sind die Schwestern längst wieder daheim.

Der Fahrer
des saudiarabischen Finanzministers

Viele Stunden, ja Tage saßen wir nebeneinander bei Fahrten durch den Sudan und das Oromoland. Wir sangen zusammen das amharische Vaterunser: abatatschen hoy besamay ye mitenor... und arabisch die erste Sure (al-Fatiha) des Koran: al-hamdu lillahi rabbi – lālamin... bis zum Ende... wa lā dāllin. Er steuerte den riesigen Zwölftonner souverän über steile Felsenpässe oder staubige Buschpfade, durch hellen Bambuswald und über dunkle, nächtliche Waldwege. Keinen Kilometer Asphalt. Musa ist ein Oromo aus dem Osten des Oromolandes. Wie die meisten Oromo aus der Gegend von Dire Dawa und Harar waren die Eltern noch »echte« Oromo, Verehrer von Waqa, des Gottes der Oromo, und lebten in der traditionellen Oromosprache. Musa, jetzt vielleicht Anfang der Vierzig, hat islamische (arabische) und christliche (amharische) Schulen besucht, hat als selbständiger Händler einen eigenen Lastwagen gefahren, ist nach der Revolution (1974), als er sein Geschäft nicht mehr weiterführen konnte, nach Saudi-Arabien ausgewandert oder geflohen, wo er Fahrer des Finanzministers oder seines Stellvertreters wurde, als Muslim, als einer, der fließend Arabisch spricht. Vor einigen Jahren fragte er sich: Soll ich mein Leben lang hier Geld verdienen als Fahrer eines Ministers? In diesem trockenen und öden Land? Meine Heimat ist grün. Meine Heimat ist das Paradies!

Er beschloß, zu den Oromo in den Sudan zu gehen, von deren Aktivitäten sowohl in der ORA als auch in der OLF er gehört hatte. Nun ist er einer der Fahrer der ORA-Lastwagen. Er bezieht, wie alle anderen Mitarbeiter auch, kein Gehalt. Aber nun hat er ein Ziel, eine Aufgabe. Er arbeitet schwer, wie alle seine Freunde, die eine – so erlebt es der Außenstehende – wunderbare

»Bruderschaft« oder Gemeinschaft bilden. Ein entsagungsvolles Leben. Manchem ist es zu hart. Mancher verläßt die Gruppe, die Organisation. Aber alle Oromo, die das getan haben – so hört und sieht man – haben es bereut. Ihr Leben hat Ziel und Richtung verloren, ist leer geworden. Und sie füllen es mit kleinlichem Streit!

Diese Reisen in den Sudan, und diesmal in das Oromoland, sind Dienstreisen, im Auftrag des Berliner Missionswerkes und somit der Evangelischen Kirche Berlin-Brandenburg (Berlin West). Aber durch das Zusammenleben mit freien und klugen Menschen, die ihr ganzes Leben und Trachten einer Aufgabe widmen, sind diese Reisen zweifellos der Höhepunkt des Jahres oder der Arbeit. Ich habe sehr deutlich den Eindruck, daß ich nirgends sonst in der Arbeitswelt einer solchen Offenheit und Selbstlosigkeit, solchem Humor (geheimes Lachen!) und soviel Ehrlichkeit begegnet bin wie hier – und auch nicht so vielen schönen Menschen. Viel Geduld und Geschicklichkeit ist dabei, äußerste Disziplin. Das mag auch daran liegen, daß man es hier mit echten Problemen zu tun hat, die Menschen sozusagen auf das Grundprinzip Tod oder Leben, Ehre oder Schande, Würde oder Heuchelei zurückgeworfen sind.

Soviel zu Musa, dem ehemaligen Fahrer des saudiarabischen Finanzministers, mit dem ich, bei ratternder Fahrt im Zwölftonner, das amharische Vaterunser und die arabische Fatiha gesungen habe, weil ich kein Oromo spreche und in dieser Sprache mich nicht mit ihm unterhalten kann.

**Kirche im Exil,
Kirche im Oromoland**

Nicht selten war das ein Thema unserer Gespräche. Ihr würdet, dozierte ich, eine ganz schöne Unruhe in die etablierten Kirchenstrukturen bringen, gäbe es unter den Oromo hier, sei es in Yabus, sei es im Oromoland, eine Mekane Yesus Kirche im Exil, oder eine evangelische Kirche im Oromoland – so wie die EKD. Aber wo ist Deutschland? Was ist das Oromoland?

Ein gemütlicher Muslim, Oromo-Patriot der ersten Stunde, sagt mir: natürlich kann er kommen, dein Oromopastor aus Niedersachsen. Überall soll er Gottesdienste feiern. Von Khartoum über Damazin bis Yabus. Überall gibt es hier Christen aus dem Oromoland, die auf ihn warten, die ihn einladen.

Im Bambuswald, in Dirre, wo ich dieses Thema ebenfalls zur Sprache brachte, klang es etwas anders. Er soll kommen. Aber Gottesdienste mit den Oromo soll er im Oromoland feiern. Das wäre genuin, echt, »natürlich«. Da sind die Gemeinden, die auf ihn warten. Das wäre das Signal nach Finfine, nach Genf und nach Hannover. Wir brauchen das dann gar nicht Kirche im Exil zu nennen, sondern einfach: evangelische Kirche im Oromoland. Im Sudan würde sich das alles noch zu künstlich ausnehmen, vielleicht auch provozierend. Wir sind eine säkulare Organisation, sei es ORA, sei es OLF. Das weiß der Sudan, so sind wir dort registriert oder stillschweigend geduldet.

Hier im Oromoland aber, wo wir die Herren sind, wird es Kirche geben (und die Moschee!) – wenn die Gemeinden das wollen; wenn die von der Folter in den äthiopischen Gefängnissen geschwächten Pastoren und Präsidenten und Gemeindeältesten (und Imame) es dann wollen und können.

Die Mekane Yesus Kirche hat heute eine schwere

Krise durchzustehen. Viele hundert Gemeinden sind geschlossen. Pastoren und Älteste sind im Gefängnis. Die Ermordung des Generalsekretärs Gudina Tumsa (1979) wird verschwiegen, sein Verschwinden ist ein Tabu. Gudina Tumsa war den jetzigen Kirchenführern zu sehr, so sagen sie jedenfalls, Oromo. Vielleicht mußte er aber deswegen sterben, weil er darauf bestand, daß seine Kirche *Kirche* bleibt im Oromoland und nicht eine Behörde für Entwicklungs- und Modernisierungsfragen der abessinischen Regierung wird.

Wenn der Einflußbereich des Bambuswaldes sich ausdehnt und solide christliche Dörfer und Städte und ehemals lebendige christliche Gemeinden erreicht, dann wird sich zeigen, an Ort und Stelle, was an genuin christlichem Leben geblieben ist nach den Jahren des äußersten Druckes der äthiopischen Fremdherrschaft, nach den Jahren der Kirchenschließungen, der Verbote und Drohungen und Verleumdungen von Christen. Das wird eine Zeit sein, schwer für die kirchliche Zentrale in Finfine. Geistliche, biblische Kriterien werden dann gefragt sein und Integrität der Gemeindeführer, nicht äußere Macht und Gewalt.

G. H., April/Mai 1988

Der Magister ludi

Als Gott die Schöpfung vollendet hatte, sah er, daß ihm die Ebene südlich von Damazin doch zu eintönig und flach geraten war. Er rief seine Kinder und sagte: Bringt ein wenig Abwechslung in diese Landschaft. Baut etwas Schönes. Hier sind noch einige hübsche Steine übriggeblieben. (Sudanesische Legende) So entstanden, wie Fremdkörper auf spiegelglatter Fläche, jene plastischen Puzzlespiele: Felsbrocken von unterschiedlicher, oft grotesker Formgebung sind behutsam zu Bergen oder Hügeln aufgetürmt, nicht selten zuoberst oder irgendwo an der Seite ein spielerisch hingesetzter Balanceakt, atemberaubend – aber über Jahrtausende, über Jahrmillionen Wind und Wetter trotzend und der Gesetze der Schwerkraft spottend. Die Kinder des Schöpfers streuten etwas Erde und Baumsamen in die Fugen, und einige waren so in ihre Arbeit vertieft, daß sie kleine runde Hütten mit spitzen Dächern dazusetzten, ganze Dörfer.

Als unsere »Reisegruppe« (16.6.1987) gegen Mitternacht erschöpft an einem dieser Puzzleberge anlangte, unsere beiden Traktoren ihrren ohrenbetäubenden Lärm einstellten – einer fuhr längst ohne Auspuff –, und wir uns auf den trockenen Sandboden fallen ließen, um nahezu sofort einzuschlafen, da nahm kaum einer von uns diese Zauberwelt wahr; der Mond war noch nicht aufgegangen. Aber am nächsten Morgen, als um fünf Uhr die Sonne aufging und wir schnell auf

Traktor und Anhänger kletterten, um diese vorletzte Etappe meiner bislang größten Abenteuerdienstreise möglichst rasch hinter uns zu bringen, sahen wir voller Staunen diese Wundergebilde an uns vorübergleiten. Und voller Leben waren die Puzzleberge: Von einem tischähnlichen Felsbrocken, auf halber Höhe des Berges, meckerte uns eine Herde Ziegen an, und auf einem runden Felsen, etwas niedriger, stand eine Schar Kinder und winkte.

Auf den am gewagtesten steil aufragenden, schlanken Felsen steht – offensichtlich seit Jahrmillionen – je ein Storch. Keiner von ihnen beachtet die beiden tief unter ihnen vorbeiknatternden, winzig kleinen Trecker. Sie schauen alle hinüber zu den flachen Teichen und überlegen, ob sie jetzt schon hinabgleiten sollten, um einige jener Frösche zu verspeisen, die die ganze Nacht über einen außerordentlichen Lärm gemacht hatten.

Mich dünkt, diese Aufhäufung von Felsbrocken, mehr lose aneinandergelehnt als zusammengefügt (als könnte man sie jederzeit neu arrangieren) – eine kleinere Figur gleicht täuschend der Sphinx bei den ägyptischen Pyramiden, nur ist diese hier witziger und schwungvoller geraten – diese Steinsetzungen, so dünkt mich, sind das Bild, nach dem am Ende der Reise die Gedanken und Gespräche, Träume, Schrecken und Strapazen dieser dreieinhalb Wochen geordnet werden sollten. Die Wucht des Erlebten, klobig und unerwartet, kann angemessen nur, wie Walter Benjamin und Bert Brecht gesagt haben, in »plumpen Gedanken« zur Sprache gebracht werden, kaum zusammengefügt, eher aneinandergelehnt – wie bei diesen urzeitlichen Wundergebilden.

Reiseroute – die Straße – die SPLA

Die Reise nach Yabus war für Mitte Mai vorgesehen und sollte ungefähr eine Woche dauern. Die geplante **Reiseroute**: Khartoum (Hauptbüro der ORA) – Damazin (Hauptlagerräume der ORA: Lebensmittel, Treibstoff und bald auch eine Garage/Werkstatt für die Fahrzeuge) – Kurmuk (Grenzstadt, kleines ORA-Haus) – Yabus (großes Flüchtlingslager der ORA) – Dirre (der von den Oromo kontrollierte Teil ihres eigenen Territoriums) – und zurück nach Khartoum.

Reiseteilnehmer: Einige Oromo, ein Kamerateam, eine junge amerikanische Wissenschaftlerin, der Berichterstatter.

Reisezweck: Filmaufnahmen für das Fernsehen. Thema des Films: Äthiopische Passion. Absicht und Ziel des Films: Ein realistischeres Äthiopienbild in die Medien zu bringen.

Transportmittel: Ein Toyota Geländewagen (von Khartoum an), ein Trecker mit Anhänger und ein Mercedes Lkw (von Damazin an) – beide letzteren Fahrzeuge sollten Lebensmittel für die ORA nach Yabus bringen. Alle Fahrzeuge sind Eigentum der ORA, Gaben aus Holland und Deutschland. Für die Rückreise zwei Trecker und ein Anhänger.

Wegen verspäteten Eintreffens des Filmteams im Sudan verschob sich die Abreise aus Khartoum. Ich persönlich war sehr erstaunt, daß wir von der Security (Sicherheitspolizei) die Reise-/Filmerlaubnis zuerst bis Damazin, Hauptstadt der Provinz Blauer Nil, und dort bis nach Yabus, nahe der äthiopischen Grenze, erhielten. Der Sudan befindet sich im Krieg mit der von Mengistu Haile Maryam unterstützten SPLA. Eines der Operationsgebiete/Kampfgebiete liegt um Kurmuk und zwischen Kurmuk und Yabus. Noch im März/April 1987 hatte die SPLA die »Straße« Kurmuk–Yabus mit schweren Landminen, die Panzer zerstören können, unpassierbar gemacht. Etliche Lastkraftwagen von Händlern waren zerstört worden – (1984) auch ein Trecker der ORA. Zwei Mitarbeiter der ORA waren damals von der SPLA gefangen und den Äthiopiern ausgeliefert worden; sie sind jetzt noch im Gefängnis Kertschelle in Addis Abeba.

Im April und Mai 1987 hatten Oromo-Freiheitskämpfer Stück für Stück die Minen aus dem Boden herausgeholt; denn diese Straße ist der Zugang zum ORA-Lager Yabus und weiterhin nach Dirre, d.h. in das befreite Oromoland. Eine schwere Mine, erst kürzlich herausgeholt – man stochert mit einem Speer vorsichtig in der Erde, bis man auf Metall stößt – und entschärft, habe ich in der Hand gehabt: Herkunftsland UdSSR.

Zu den politisch/militärisch bedingten Schwierigkeiten der Reise kamen die wetterbedingten – die Regenzeit setzte unerwartet früh ein – und die allgemein landesbedingten. Sobald wir Khartoum verließen, gab es keine Möglichkeit mehr, mit der Außenwelt in Verbindung zu treten, nur ganz gelegentlich und schwach gelang über Walkie-talkie der Funkkontakt nach Khartoum.

Die Entfernungen sind nicht groß, wenn man in Kilometern denkt: Khartoum–Singa (Ende der Asphaltstraße) ca. 350 km, Singa–Damazin 140 km, Damazin-Kurmuk 200 km, Kurmuk-Yabus 90 km. In dieser Jahreszeit aber nützt es überhaupt nichts, in Kilometern zu denken, sondern, je nach Regen, in Tagen, Wochen oder gar Monaten. Unsere Reise dauerte statt einer Woche dreieinhalb, und kein einziges jener Fahrzeuge, mit denen wir die Reise begannen, erreichte mit uns das Ziel – alle blieben sie hoffnungslos im Morast, in den absolut grundlosen »Wegen« stecken.

In der Trockenheit reist man bequem an einem Tag von Khartoum nach Damazin und am zweiten von Damazin nach Yabus. Das letzte (eigentliche) Reiseziel, nämlich Dirre, konnte wegen der heftigen Regen diesmal nicht erreicht werden.

Damazin – erste Interviews

Die Reise von Khartoum, der Landeshauptstadt, nach Damazin im Toyota Geländewagen dauerte genau zwölf Stunden. Hier machten wir Filmaufnahmen von einer »Jugendgruppe der Mekane Yesus Kirche im Exil« – so verstehen sich die jungen Leute, so stellen sie sich uns vor. Sie treffen sich regelmäßig bei der katholischen Kirche, singen, beten, legen die Bibel aus, alles in der Oromosprache. Pater Francis, ein Italiener, der 35 Jahre als Priester/Missionar im Sudan tätig ist, erlaubte uns, in seiner Kirche die Aufnahme zu machen.

David Boka, einer der Jugendlichen, sagte: 1984 sind wir geflohen, zehn Jugendliche aus derselben Kirche in Begi. Alle waren wir mehrfach verhaftet, geschlagen, verfolgt worden. Bei der Folter sagte man uns: Glaube ist etwas für alte Leute. Ihr sollt nicht subjektive, sondern objektive Wahrheiten glauben. Auf Marx und Engels sollt ihr getauft werden.

Ehemalige Mitglieder der Mekane Yesus Kirche wie z. B. Sisay Asmare haben uns verhört, Christen, die jetzt politische Kader sind, sagte David Boka. Sie haben ihren Glauben verleugnet, deswegen müssen sie jetzt gegen ihn, gegen die Kirche und die Christen arbeiten.

Tasfa Olgira, ebenfalls Mitglied der christlichen Jugendgruppe, sagte: Wenn ihr einen Strick habt, können wir euch die Folter vormachen, Wofe Ilala, hängender Vogel. Wir brauchen dafür einen Stock, einen Strick und zwei Tische. Man muß sich hinhocken, der Stock wird unter die Kniekehlen geschoben, und mit dem Strick werden die Hände, die man vor das Schienbein halten muß, gefesselt; der Stock, der nun zwischen Kniekehlen und Armbeugen hindurchgeht, wird an beiden Enden von je einem Mann hochgehoben und auf die Platte je eines Tisches gelegt, die nebeneinandergestellt sind, so daß ein menschlicher Körper dazwischen hängen kann – kopfunter. Die Schläge sausen dann auf die Fußsohlen nieder (die revolutionäre Standardfolter in Äthiopien, millionenfach angewandt). Mir sagte der politische Kader: Euer Glaube ist primitiv! Gebt ihn auf! Die Jugend muß das Antriebsrad der Revolution sein!

Wir mußten auf spitzen Steinen knien, wurden mit sofortiger Erschießung bedroht, alles nur, weil wir die Heilige Schrift lasen, den Gottesdienst besuchten und der Jugendgruppe angehörten.

Diese beiden Jugendlichen und auch die anderen sagten: Ich konnte meinen Glauben nicht verleugnen, konnte Jesus Christus nicht aufgeben – er hat für mich gelitten, ist für mich geschlagen worden.

Schließlich, 1984, floh die Gruppe und ist seitdem in Damazin ansässig. Sie versucht, sich durch Gelegenheitsarbeit in sudanesischen Häusern durchzubringen.

In Damazin besichtigen wir auch den riesigen neuen Lagerplatz der ORA. Zwei Lagerhallen sind im Bau. Lebensmittelvorräte sind notdürftig geschützt, drei große Tanks für Dieselöl fest montiert.

In Damazin mußten wir schließlich auch das Durchgangslager besuchen, in dem ich im Januar 1985 jene Interviews mit neuangekommenen Flüchtlingen durchführte. Wenig später wurden diese Gespräche in der FAZ (21.2.1985) veröffentlicht und veranlaßten das Berliner Missionswerk, den Schweizer Journalisten Peter Niggli mit einer gründlicheren Befragung und Veröffentlichung zu beauftragen (epd Dokumentation 25/85). Nimmt man die Tatsache hinzu, daß ich seit 1980 ausführliche Gespräche und Berichte der Flüchtlinge, die durch Damazin kamen, veröffentlicht habe

(Schreie im Oromoland, 1980; Nächstes Jahr im Oromoland, 1982), wird man die Frustration des Berichterstatters begreifen: Alle Tatsachen sind längst bekannt. Mittlerweile arbeiten bei Asosa ca. 300000 Menschen in Zwangsarbeit auf Staatsfarmen; sie sehen die Ernte nicht, sie bekommen ganz erbärmliche, völlig unzureichende Lebensmittelrationen und sind von der Umwelt total abgeriegelt. Medizinische Hilfe gibt es so gut wie gar nicht. Diese Zwangsumsiedlungen haben Familien zerrissen, unzählige Menschenleben gefordert, und die Lebensbedingungen in den Lagern sind so entsetzlich, daß immer wieder einzelne und Gruppen die äußerst riskante Flucht versuchen. Zwei Drittel jener, die die Flucht versuchen – so ergaben Befragungen – sterben auf der Flucht, von Äthiopiern erschossen, von der SPLA erschossen, verdurstet, verirrt.

Nur widerwillig ging ich zu diesem Flüchtlingslager in Damazin, da ich wußte, was die Flüchtlinge zu erzählen hatten, und da ich mich schämte, daß die »zivilisierte freie Welt« so gut wie nichts getan hat, diesem Elend ein Ende zu setzen.

Und ich hörte die alten Geschichten von den islamischen Bauern aus dem fernen Wollo, aus Städten und Dörfern, die ich früher oft besucht habe: aus Tis Aba Lima, Waldia, Doro Gibr und Wuchalie, ja, ich kann gemeinsame Bekannte wie den islamischen Gelehrten aus Dana, bei dem etliche der Bauern studiert haben und den ich im August 1970 besuchte (Äthiopien, Stuttgart 1979, S. 19–27) feststellen – so ist eine gute Gesprächsbasis hergestellt. Und sie erzählen von ihrer Zwangsdeportation, wie sie gefangen und von den Familien getrennt wurden, wie sie elendiglich mißhandelt wurden in den Lagern drüben in Asosa und daß jetzt, gerade in diesen Tagen, einige es wieder geschafft haben, über die Grenze zu fliehen, hierher nach Damazin. Jetzt regnet es. Jetzt kann man die Flucht wagen. Jetzt findet man

Wasser. Einige Hundert sind noch unterwegs, haben die Grenze noch nicht erreicht. Hoffentlich schaffen sie es!

Bis Chali – Hilfe der sudanesischen Armee und der OLF

Mit im Toyota sitzt seit Damazin der vierzehnjährige Oromojunge Fekede Wedadscho aus Nedjo/Oromoland. Seine Schulklasse mußte bei der Verdorfung schwerste Arbeit tun: die alten Dörfer abreißen und von weither Baumaterial – Holz, Gras etc. – für die neuen Dörfer/Lager herbeischleppen. Ihm wurde das zuviel, und er floh gen Sudan mit einer Gruppe von Freunden. Er allein aber schaffte es tatsächlich bis in den Sudan, fand Arbeit bei einem Sudanesen, eine Art Sklavenarbeit, ohne Bezahlung, und ist nun von ORA-Mitarbeitern »befreit« worden. Er soll zu den vielen anderen Oromokindern nach Yabus. Fekede hat gehört, daß vor ca. acht Wochen der Pastor der Mekane Yesus Kirche in Begi, Kes Adamu, im Gefängnis so sehr geschlagen wurde, daß er ein Auge verlor.

Die erste Etappe der eigentlichen Abenteuerreise geht bis Keili, wo wir um 22 Uhr eintreffen, nachdem unsere Fahrzeuge öfters im weichen Boden steckenblieben und zeitraubend herausgezogen werden mußten. Darum fahren wir im Konvoi – ein Fahrzeug allein ist schnell verloren. In Keili, nicht weit vom Blauen Nil entfernt, Vorgeschmack vieler ähnlicher Nächte, sinken wir erschöpft auf den Erdboden, breiten Decke oder Plane aus und schlafen. Der Sternenhimmel ist prächtig.

Nach Kurmuk, im Militärlager Dem Mansour, verändert sich das Klima. Viele Oromo begleiten uns nun. Die relativ kurze Strecke Dem Mansour-Chali ist der Scheitelpunkt. Hier geschieht das Überschreiten der »Schattenlinie« (Joseph Conrad). Hier verlassen wir alle europäischen Zeitbegriffe und wahrscheinlich auch einige andere Denkgewohnheiten – was natürlich nicht ohne Schmerzen geschieht, ohne heftige Reaktionen bei dem einen oder anderen Reiseteilnehmer. Einige merken bald, daß hier nichts zu erzwingen ist gegen die Gewalt der Natur und gewisser anderer Verhältnisse. Andere starren auf Kalender und Uhr und stellen eine Menge unsinniger Fragen.

Noch scheint die Sonne. Im niedergebrannten Dorf Chundi kochen wir so gegen 16 Uhr Tee für den nun auf ca. 25 Leute angewachsenen Troß. Chundi ist niedergebrannt worden vom sudanesischen Militär, weil hier auf der »Straße« immer wieder Landminen gefunden worden waren und in einem Hause auch ein Radiogerät, mit dem man Kontakt aufnehmen kann, und etwas Munition... Die Oromo allerdings haben öfters erlebt, daß, wenn sie mit ihren Fahrzeugen hier vorbeikamen, die einheimischen Uduk (ein Volk von ca. 20 000 Menschen, viele Christen darunter) ihnen die Stellen zeigten, wo Minen lagen. Jedenfalls wird der Raum zwischen Dem Mansour und Chali bevorzugt von der SPLA benutzt, um in den Sudan einzusickern, und als das sudanesische Militär hier eines Tages im April 1987 das Dorf Chundi verlassen vorfand und dazu verdächtiges Material in einigen Häusern, wurden alle Häuser niedergebrannt.

Die Uduk sind ein Grenzvolk zwischen Nord- und Südsudan. Der Häuptling, Omda Thalif, ist zwar Muslim; aber die meisten Stammesangehörigen sind Christen.

Die Sonne brannte. Um 17 Uhr fuhren wir weiter, und um 18 Uhr, kurz vor Sonnenuntergang, staken alle Fahrzeuge hoffnungslos im Morast. Wir gruben, schaufelten und hackten schon kaum mehr, als wir Motorengebrumm hörten. Sudanesisches Militär: ein Panzer, ein riesiger Lastwagen mit Sechsradantrieb und ein kleineres vierrädriges panzerähnliches Gefährt erschienen – und retteten, auf inständiges Bitten unseres »Reiseleiters«, wenigstens den Toyota mit den Ausländern und der Filmausrüstung; die anderen Fahrzeuge blieben einige Tage im Morast, bis auch sie vom Militär herausgezogen und nach Chali begleitet wurden.

Der Toyota wurde nun, und das war der größte Schrecken der Reise oder der eigentliche Übergang in die afrikanische Wirklichkeit, zwischen die Militärfahrzeuge genommen – mittlerweile war es stockdunkel, mittlerweile goß es in Strömen, mittlerweile fuhren wir durch dichten Wald – und in rasendem Tempo, so daß Gerät und Leute im Auto durcheinanderpurzelten, stundenlang auf entsetzlichen Wegen, fast ohne Sicht. Oft blieben wir stecken. Dann kam der Panzer und zerrte uns heraus, zerrte ungeduldig hier und dort, brach dieses und jenes Teil am Toyota ab, bis das Stahltau fast nirgends mehr Halt fand. Am tiefsten und steilsten Flußübergang wurde der Toyota zur Sicherheit gleich an den Panzer gehängt und im Schwung durch die finsteren Wogen gezogen... Es folgten zwei Nächte und ein Tag in matschiger Hütte in Chali. Es war an kein Weiterfahren zu denken, und keiner, kein einziger drängte auf Weiterfahrt. Jetzt wußten alle: Es kann sein, daß wir Wochen sitzenbleiben, wir, und die Freunde, die wir im Morast zurückließen, sowieso. Die Regenzeit dauert bis zum September.

Chali ist eine Geisterstadt, weit über die Hälfte der Bewohner (alles Uduk, die allermeisten Christen) ist verschwunden. Von zwanzig Läden ist nur einer geöffnet. Später erfahren wir: Von siebzehn Kirchen in der Umgebung Chalis sind sechzehn verbrannt. Die Moschee Chalis weist Einschüsse auf: das Werk der SPLA...

Yabus – weitere Interviews

Wir haben schließlich am 3. Juni doch Yabus erreicht, allerdings nicht ohne vorher noch einmal im Freien übernachten zu müssen – im Angesicht der Lichter von Asosa, also unweit der Grenze zu Äthiopien. Darum mußten unsere Oromo-Wachen gut aufpassen. In Yabus begann der eigentliche Teil der Dreharbeit. Mammo, der Vorsitzende der Flüchtlingsgruppen, ein Christ der Mekane Yesus Kirche, führte uns zu Hütten, wo wir unsere Gesprächspartner fanden. Der erste war Herr *Geruma Tschipsa* aus dem Distrikt Kelem aus einem Dorf in der Nähe des Ortes Kake/Westwollega. Er berichtete: Im November 1983 kam Negussie Fanta, der Gouverneur von Wollega, rief die Leute zusammen, nahm Bibel und Gesangbücher, zerriß sie vor den Augen der Christen und sagte: Diese Leute, die Missionare und eure Pastoren, sagen, daß Gott wunderbar speist, mit ganz wenig Brot. Diese Leute haben diese Bücher geschrieben, um euch zu betrügen. Und wo ist die Leitung, der Draht, daß ihr mit Gott reden könnt? Wie kann ein Stückchen Brot zehn Leute ernähren? Unsinn ist das, das sind die Fremdreligionen, die euch verführen. Die Kirche sagt: Die Jugend soll Christus dienen! Wir sagen: Die Jugend soll der Revolution dienen! Negussie Fanta sagte dann: Teilt euch das Kirchengebäude auf! Diese Leute haben genug getan, euch auszuhungern! Und die Soldaten mußten die Pastoren schlagen.

Die Pastoren wurden verhaftet. Diejenigen, die sich in den Häusern versteckt gehalten und gebetet hatten, wurden geschlagen.

Viele, die das erlebt hatten, flohen in den Wald, hielten sich dort verborgen. Vor acht Monaten kam Geruma Tschipsa nach Yabus; im Walde hatte er Kämpfer der OLF getroffen, die ihm nahelegten, einstweilen in Yabus Zuflucht zu suchen. *Muhammad Gorba* aus Dale Wabara, ebenfalls Kelem Distrikt, erzählt: Der Gouverneur von Wollega kam nach Kelem und hat alle Moscheen geschlossen, die islamischen Gelehrten verhaftet, nach Dembidolo und Nekemt gebracht und gesagt: Diese Leute sind faul. Sie glauben an Gott, arbeiten nicht und beten nur. Scheiche und Imame wurden geschlagen und bis zur Arbeitsunfähigkeit verletzt. Korane wurden vor allem Volk zerrissen und die Koranschulen geschlossen. Freitag ist ein Arbeitstag, hat der Gouverneur gesagt, an diesem Tage wird es kein Gebet mehr geben. Ferner hat er die Steuern erhöht. Uns blieb nur die Flucht übrig, schließt Muhammad seinen Bericht; denn die Preise für unsere Produkte sind so niedrig angesetzt von der Regierung und die Steuern, die wir entrichten sollen, so hoch, dazu kommen ständig Extraabgaben für die Revolution, die Wahl, das Mutterland, den Krieg, wir konnten nicht existieren in diesem System.

Der einst sehr wohlhabende Oromo-Bauer *Gutema Gago* aus Affer Sambo, Gidame Worada (also auch Westwollega), berichtete: Der Derg schickte seine Kader zu uns mit dem Auftrag, die Zerstörung der Dörfer einzuleiten. Alle Bauern wehrten sich dagegen. Sie hatten eine ausgewogene Landwirtschaft, Vielfalt der Arten, hatten seit Generationen Bäume und andere Pflanzen betreut. Die Kader sagten: Nur Gott und die Regierung kann euch sagen, wo euer Haus stehen darf, das ist nicht eure freie Wahl!

Hier mischten sich Muhammad und Geruma, die dem Kamerateam gefolgt waren, ein und riefen: Wieso das? Uns sagen sie, es gibt keinen Gott, und dir sagen sie: Nur Gott und die Regierung können bestimmen, wo euer Haus stehen soll? Es gab ein kleines Durcheinander, bis Gutema wieder ins Mikrofon sprechen kann: Das Dorf, unser schönes Dorf wurde zerstört. Es stand auf sehr fruchtbarem Boden. Jetzt ist es als enges Lager auf ganz kargem Boden aufgebaut worden. Viele aus unserem Dorf sind geflohen, erst in den Wald, dann hierher...

Schließlich *Omar Ali*, die Stimme aus Wollo im Nordosten Äthiopiens, an die 1000 Kilometer von Yabus entfernt. Er erzählt seine Geschichte, die Tausende vor und mit ihm erlebt haben, von den äthiopischen Behörden mit Getreide-Hungerhilfeaktionen, die der Westen, Hilfsorganisationen, Kirchen gespendet haben, in Lager gelockt, von wo sie per Lastwagen mit Gewalt in die Zwangsarbeitslager bei Asosa gebracht wurden, viehische Lebensbedingungen – kein Bauer behandelt sein Vieh so wie die äthiopische Regierung ihre Untertanen.

ORA – der Status des Lagers Yabus

Die Schwierigkeit von Yabus, das Problem, die Zwickmühle: es liegt so weit von Khartoum entfernt. Und da die Wege so sind, wie ich sie nun erlebt habe, wird keine respektable, finanziell und personell wohlausgestattete Flüchtlingsorganisation je hier arbeiten. Die Bedingungen gelten als unzumutbar für die Helfer. Die ORA aber möchte das Lager hier auf alle Fälle erhalten. Hier können die Bauernfamilien unweit der Heimat unter halbwegs normalen Lebensbedingungen farmen; die sudanesische Regierung hat genügend Land zur Verfügung gestellt. Die Bauern hören von zu Hause, neue Flüchtlinge kommen und erzählen. Die Familien hoffen, zurückkehren zu können, sobald die OLF, ihre einzige Hoffnung, ihr Land fest unter Kontrolle hat.

Sollte die Regierung des Sudan, auf Druck des Hohen Flüchtlingskommissars, veranlassen, wovon immer wieder die Rede ist – das Lager aufzulösen und die

5000 Menschen in den Norden, nach Gedaref, gegenüber Tigray, zu transportieren, damit die Versorgung in diesem Großlager »effizienter« geschehen kann, würden die Oromo sofort zurückgehen in ihre Heimat und dort sterben oder in den Wäldern vegetieren. Sind sie einmal in den Norden gebracht, so wissen sie, werden sie die Heimat nie mehr wiedersehen. Im Norden ist das Klima ganz anders, viele der geschwächten Flüchtlinge werden dann sterben. Das nackte Leben ist für diese Menschen nicht das höchste Gut, sondern das Leben in der Nähe der Heimat, ein Leben mit Hoffnung und Würde und Ehre. Die Oromo sind stolz auf die ORA, weil hier verantwortliche Oromo ihr Schicksal in die eigene Hand genommen haben. Als sie hörten, daß der Toyota im Morast steckengeblieben war, marschierten sechzig Männer dorthin, »ihr Auto« herauszutragen.

Hier muß ich nachtragen, daß bei der letzten Etappe der Reise, d. h. zwischen Chali und Yabus, auch der Toyota im Wasser endgültig steckenblieb, nachdem ein Panzer und ein Traktor der Armee ihn wohl an die zwanzigmal herausgezogen hatten. Wir gingen zu Fuß weiter und trafen bald auf einen anderen Trecker der Oromo, der uns entgegengefahren war. Wir ließen Bewachung beim Toyota zurück und fuhren mit dem Trecker nach Yabus, der provisorischen Heimat von 5000 Oromo.

OLF – die Schutzmacht

Die Oromo sind natürlich besonders stolz auf die OLF. Stolz ist nicht der richtige Ausdruck. Die OLF ist ihre einzige Hoffnung, sie hat ihrem Leben Ehre und Würde zurückgegeben. Die OLF, das sind jene Männer – auch Frauen –, die von der Schlachtbank, vom Folterstuhl gesprungen sind und weglaufen konnten. Nun sammeln sie sich und versuchen zu retten, was noch an Oromoleben zu retten ist. Sie nehmen ein Gewehr in die Hand, um zu verhindern, daß man sie wieder auf die Schlachtbank legt.

Der Knecht Gottes (Jesus) hat sich nach biblischem Zeugnis stumm zur Schlachtbank führen lassen. Erwarten die Freunde der Oromo das auch von den Oromo? Wäre eine solche Erwartung ein christliches Verhalten? »Als er gemartert ward, litt er doch willig und tat seinen Mund nicht auf, wie ein Lamm, das zur Schlachtbank geführt wird; und wie ein Schaf, das verstummt vor seinem Scherer, tat er seinen Mund nicht auf« (Jesaja 53,7).

Und wie verhält man sich dem Schlächter gegenüber? Er ist, selbstverständlich, schwer bewaffnet, hat eine halbe Million Menschen unter Waffen, hat 250 modernste Kampfflugzeuge. Läßt man ihn sein blutiges Handwerk ruhig ausüben? Ist man freundlich zu ihm, damit er freundlicher zum Opfer sich verhalte?

Hannah Arendt, vom Schicksal der Juden sprechend, hat Sätze geprägt, die auch für die Oromo zutreffen: »Wenn wir damit anfingen, die Wahrheit zu sagen, nämlich daß wir nichts als Menschen – Oromo – sind, dann würden wir uns dem Schicksal bloßen Menschseins aussetzen; wir wären dann, von keinem spezifischen Gesetz und keiner politischen Konvention geschützt, nichts weiter als menschliche Wesen. Eine gefährlichere Einstellung kann ich mir kaum vorstellen; denn tatsächlich leben wir in einer Welt, in welcher bloße menschliche Wesen schon eine geraume Weile nicht mehr existieren.« (H. A., Zur Zeit, Berlin 1986, S. 19)

Ich jedenfalls habe mich gerne von diesen menschlichen Wesen schützen lassen: Adam, Muhammed, Dawid, Melkeissa, Hassan, Tschala, Migo, Jasin und dreißig anderen; so viele waren schließlich nötig, um sicher durch das Grenzgebiet geschleust zu werden.

Helmut Gollwitzer schreibt mir nach der Lektüre

dieses Berichtes: »Es ist schrecklich, was dieser entstellte Marxismus anrichtet, von Kambodscha bis Äthiopien... Zu Ihrer Überlegung über das Sich-Wehren auf der Schlachtbank ganz meine Zustimmung. Das ist das Wahrheitskorn in Luthers 2-Reiche-Lehre!...«

Der magister ludi

Vielleicht war der Höhepunkt der Reise das Herabkommen des magister ludi in die Ebene. Anders als mit dieser Erinnerung an Hesses Glasperlenspiel – obwohl es hier nun wirklich um blutigen Ernst geht – kann ich die Begegnung mit dem Leiter der OLF in Dirre-West, der aus dem Oromoland nach Yabus kam, um mit mir zu sprechen, nicht zutreffend beschreiben. Wir hatten losen Funkkontakt. Es war deutlich, daß ich nicht in das Oromoland reisen konnte; die Wege waren zu schlecht.

Mit dem Auto wollte Dima von dem Hauptlager der OLF im Oromoland nach Yabus kommen, blieb aber ebenfalls im Wasser oder Morast stecken und ging folglich die letzten zehn Stunden zu Fuß, er und seine Begleiter/Beschützer. Nachts um vier Uhr kamen sie in Yabus an. Bis nach ein Uhr waren wir aufgeblieben, hatten im hellen Mondlicht gewartet...

Die Begegnung mit dem magister ludi am nächsten Morgen hätte ich gerne meinen Freunden in Berlin gegönnt. Frische, äußerste Gelassenheit, geistige Disziplin ausstrahlend und körperlich ebenfalls beeindrukkend, nach dem Zehnstundenmarsch und nach nur zwei Stunden Schlaf ein Mann, eine Erscheinung wie aus dem Bilderbuch.

Der magister ludi erzählt: 20, 40, 100 kleine Gruppen von OLF-Kämpfern sind unterwegs, verteilen Flugblätter, reden mit der Bevölkerung in den Dörfern, blockieren Straßen, vertreiben die Einheiten des Derg, des abessinischen Militärs, operieren weit im Rücken der Abessinier, zwingen die Russen, ihre 300 Soldaten und »Berater« aus Asosa abzuziehen, zünden bei Asosa ein Depot von 20 000 Doppelzentnern Itan/Gummi arabicum an (ein Doppelzentner ist 1000 Birr/äth. Dollar wert) und befreien die Zwangsarbeiter, die das Zeug von den Bäumen sammeln; seitdem hat der Derg dieses Projekt aufgeben müssen. Die OLF-Gruppen bewegen sich frei in vielen Dörfern des Oromolandes, öffnen die staatlichen Depots und stellen der Bevölkerung anheim, sich zu bedienen, die konfiszierten Ernten sich zurückzuholen. Die OLF-Gruppen werden fast immer enthusiastisch und ungeduldig von der Bevölkerung begrüßt. Die totale Verdorfung hat den letzten Anstoß zum Stimmungsumschwung gegeben; Hoffnung, Rettung kann nur von der OLF kommen.

Die OLF-Gruppen, besonders die intellektuellen Oromo unter ihnen, die seit Jahren über die Zukunft des Oromolandes nachdenken, führen lange Gespräche mit den Bauern über die zukünftige Landwirtschaftspolitik, Stärkung des Kleinbauern, Auflösung der Kollektivfarmen, Wiederbelebung der lokalen Märkte... Über diese Dinge wird in dem monatlich erscheinenden Magazin der OLF diskutiert. Das Magazin erscheint natürlich in Dirre, in der Oromosprache; ein anderes Magazin wird in der amharischen Sprache hergestellt für die Offiziellen in den Dörfern, die politischen Kader des Derg und für die Soldaten, besonders wohl für die Offiziere des Derg.

Überhaupt ist das Büro, sind die Häuser in Dirre, beim Hauptlager der OLF, viel besser ausgestattet und viel schöner als in Yabus, besser gebaut und eben noch mehr oromo, noch mehr Heimat. (Die Oromo sagen: Damazin ist besser als Khartoum, Yabus ist besser als Damazin, Dirre ist viel besser als Yabus.)

Und noch vieles mehr wird deutlich im Gespräch mit dem magister ludi aus dem Oromoland. Wie gesagt, die Grundstimmung ist Ruhe, Selbstbewußtsein, Sicherheit im Urteil, Detailkenntnis – all das erworben oder gewachsen in jahrelanger besonnener Arbeit mit den jungen, begeisterten und opferbereiten Oromo, in täglichen Begegnungen mit verzweifelten Bauern und Flüchtlingen, mit Gefolterten und Kriegsgefangenen, auch in dauernder Reflexion der eigenen politischen Ziele und Möglichkeiten.

Unnötig zu sagen: Der magister ludi und seine gut 3000 Mitstreiter, die Männer (und Frauen) in den OLF-Gruppen, sie alle haben die Schattenlinie längst überschritten.

Bilal – ein Beinbruch

Bei der Rückreise geschah am ersten Tag ein tragisches Unglück. Einer der jungen Oromo, die uns zum Schutz mitgegeben waren, fiel bei matschig holpriger Straße vom Trecker und geriet unter das Rad des Anhängers, auf dem 25 Leute saßen und etliches Gepäck; Gott sei Dank gab es nur einen glatten Oberschenkelbruch, was uns aber erst die Röntgenaufnahme in Khartoum zeigte. Vom 12.6., als das Unglück geschah, bis zum 19.6., dem Tag unserer Ankunft in Khartoum, lag Bilal Tag und Nacht, notdürftig geschient, auf dem Anhänger des Treckers, in Sonne und Regen und bei unglaublich holpriger Fahrt. Immerhin, am zweiten Tag rauchte er, am dritten und vierten redete er, und am fünften Tage lachte und sang er. Wir hoffen, daß er nach zwei Monaten wieder voll hergestellt ist und seine Frau und sein Kind in Yabus besuchen kann.

G. H., Juni 1987

Teil II
Analysen und Kommentare

Äthiopien – Ein Mißverständnis

Hoch die internationale Stupidität

Alle haben, irgendwo auf diesem Globus, ihre Spielwiesen, die den eigenen politischen Konflikten als Verstärker dienen. Aber am schönsten sind diejenigen, wo sich Rechte und Linke aufeinander beziehen und jenen Schlagabtausch vollziehen können, der in den unübersichtlichen Verhältnissen ihrer eigenen Länder in Kompromissen abgefedert wird. Deshalb hängen alle am Kalten Krieg, auch wenn die Linke fürchterliche Empörung mimte, als ihn die Reagan-Administration wieder anzukurbeln begann.

Schließlich ist's der Kalte Krieg, der das ideale Szenario internationaler Solidarität kreiert. Dazu gehört: eine handfeste, medial orchestrierte US-Intervention gegen eine linke, von der Sowjetunion unterstützte Regierung der Dritten Welt. Oder eine rechte, von den USA ausgehaltene Diktatur im Kampf gegen eine Guerillabewegung, die ihren Bauern die proletarische Revolution verspricht.

Wehe, die Ingredienzien des Schauspiels sind nicht vollzählig vorhanden, denn dann wird es der Aufmerksamkeit der progressiven Hälfte des Westens schlicht entgehen: Aber auch die Außenpolitik der westlichen Staaten spielt nicht mehr mit. War Grenada eine Zeitbombe für die kommunistische Verseuchung der Karibik und des amerikanischen Isthmus? Ja natürlich.

Äthiopien ein kommunistischer Brückenkopf auf dem schwarzen Kontinent? Ach nein: diese Regierung ist insgeheim nur »nationalistisch«.

So gibt es sie denn: die weiten Zonen friedlicher Koexistenz auf diesem Planeten, wo östliche Waffen und westliches Geld »nationalistische« oder »autokratische« oder »fundamentalistische« Regierungen an der Macht halten helfen. Zonen, die dem Blindenblick der internationalen Stupidität entgehen.

Und so sieht der Fall Äthiopien für die Linke aus: Erstens hat dort die REVOLUTION schon stattgefunden. Jede weitere Opposition ist unanständig oder reaktionär. Zweitens handelt es sich um einen souveränen Staat, wo Schwarze ihre inneren Angelegenheiten mit Schwarzen regeln. Einmischung von Weißen ist unberechtigt und imperialistisch. Und drittens befindet sich das Land in permanenter Hungersnot. Hier ist Politik Luxus, denn das Fressen kommt vor der Moral.

Natürlich sind alle Momente vorhanden, die die Existenz der REVOLUTION Rezept für Rezept belegen. Die Obristenregierung proklamierte sich selbst als »revolutionär« und versprach die »sozialistische Umgestaltung« Äthiopiens. Sie verhaftete den Kaiser Haile Selassie und seine obersten Würdenträger und ließ sie in den Kerkern umbringen oder verenden. Und sie dekretierte die Landreform, das Herzstück aller Mißverständnisse um Äthiopien.

Diese hat mit einem Federstrich die alten Grundbesitzer enteignet und damit als herrschende Klasse entmachtet. Die Bauern wurden von den drückenden Abgaben an die Grundherren befreit.

War das der Anfang eines neuen Zeitalters ohne Ausbeutung? Oder hatten die Bauern durch die Landreform gar die Macht erobert? Durch ihre Avantgarde, die Armee, repräsentiert? Gutgläubige konnten hoffen und fühlten sich durch einschlägige Lektüre von »konkret« bis zur »Frankfurter Rundschau« bestärkt.

Auf dem Schauplatz selbst ließ sich allerdings Äthiopiens Staatsmaschine, wie überall in Afrika, nicht ohne die Ausbeutung der Landbevölkerung finanzieren. Besonders, da keine Bodenschätze und kein Erdöl vorhanden sind, die sich gegen Devisen verscherbeln ließen. Und selbstverständlich dachte Äthiopiens städtische Elite nicht im Traum daran, ihren westlichen, quasi-industriellen Lebensstandard auf die wirtschaftlichen Möglichkeiten des Landes zu reduzieren.

So ist denn die postrevolutionäre Geschichte Äthiopiens geprägt durch die Anstrengung der Militärregierung, den Bauern wieder zu nehmen, was sie ihnen durch die Landreform gegeben hat. Radikalität und Durchschlagskraft bei diesem Unternehmen, sich das landwirtschaftliche Mehrprodukt anzueignen, sind ihr nicht abzusprechen. Die seit Jahren an- und abschwellende Hungersnot ist sowohl die Folge davon, wie sie auch die Voraussetzungen für die neuesten Pläne schuf, die bis zum Ende dieses Jahrhunderts die selbständigen, nicht auf den Staat angewiesenen Kleinbauern als Klasse erledigen sollen.

Die Regierung propagiert seit 1985 die hundertprozentige Kollektivierung der Landwirtschaft als großen Sprung in die Moderne. Bis 1995 soll die ganze ländliche Bevölkerung, an die 38 Millionen Menschen, umgesiedelt oder in strategische Neudörfer verschoben werden. Dort sollen ihnen die Errungenschaften moderner Zivilisation, medizinische Versorgung und schulische Ausbildung, vermittelt werden. Bis dahin sind allerdings noch einige Härten in Kauf zu nehmen.

Auf den Umsiedlungs-Großfarmen sind die Bauern auf den Status von »Food-for-work«-Empfängern hinuntergedrückt, einer entwicklungspolitisch verbrämten Form von Arbeitssklaven. Denn erstens ist es verboten, die Umsiedlungsgebiete zu verlassen, zweitens wird die ganze Ernte von Staatsorganen abgeschleppt und in den Städten vermarktet, während drittens die Arbeitskräfte mittels Nahrungsmittelrationen »entlöhnt« werden: Knapp 500 Gramm Getreide pro Tag und Person haben sich als homöopathische Überlebensdosis eingependelt.

In den Neudörfern geht es nicht idyllischer her und zu. Zwar darf der Bauer noch seine eigenen Felder bearbeiten, aber was er von der Ernte für den Eigengebrauch behalten darf, wird ihm staatlich vorgeschrieben. Den Rest muß er zu Tiefpreisen der staatlichen Vermarktungsorganisation verkaufen. Privaten Händlern, die besser zahlen, ist der Zutritt zu diesen Brutstätten des Fortschritts untersagt. Da beide Entwicklungsmaßnahmen die ohnehin schwache Produktivität der Landwirtschaft weiter sinken lassen, schraubt die Regierung den Lebensstandard der Bauern weiter zurück.

Es ist diese soziale Kriegführung der Regierung gegen die Bauern, welche die verschiedenen Guerillabewegungen in diesem Land am Leben erhält. Diese haben einst die Blüte der linken Opposition im äthiopischen Kaiserreich repräsentiert. Soweit ihre Mitglieder in den Städten halblegal agierten, sind sie Ende der 70er Jahre durch die nun ebenfalls linke Militärregierung abgeschlachtet worden. Der Busch war der letzte Überlebensort für jegliche Opposition. »Die Revolution frißt ihre Kinder«, wurde damals nicht ohne Wohlbehagen kommentiert – aber das hatte ja auch schon Stalin getan, und ist nicht die Sowjetunion trotzdem oder gerade deswegen erste sozialistische Macht der Welt?

Die Mißverständnisse um Äthiopien werden verschärft dadurch, daß seine Untertanen untereinander durchaus nicht gleich sind. Rassismus, für die internationale Stupidität allein die Beziehungsform der Weißen zu den Farbigen, prägt in der realen Welt auch die Beziehungen der Farbigen untereinander. Neben Südafrika ist Äthiopien auf dem schwarzen Kontinent wohl der rassistischste Staat. Vor knapp hundert Jahren schafften es die christlichen Kaiser Abessiniens, mit europäischer Waffenhilfe die »heidnischen Horden« im angrenzenden Süden und Osten zu unterjochen. Das moderne Äthiopien ist das Resultat davon: ein dreimal größeres Territorium, als es das historische Abessinien war, und Millionen von Menschen, die zu Untertanen submenschlicher Art deklassiert wurden. Deren Nachfahren der dritten und vierten Generation haben schlecht vergessen.

Was die Kaiser aber nicht schafften, die Zerstörung ethnischer Solidarität und kulturellen Widerstandes der unterjochten Völker gegen den Empire-Staat, versucht die revolutionäre Regierung entschlossen nachzuholen. Deshalb das Hin- und Herschieben ganzer Völkerschaften im Reich und ihre geografische Vermischung, deshalb das enge Netz staatlicher Kontrolle über die bäuerliche Gesellschaft, die – solange ungebrochen – die Kultur der eroberten Völker ständig reproduziert. Die meisten Guerillabewegungen Äthiopiens sind deshalb »engstirnige Nationalisten«, »verfaulte kleinbürgerliche Elemente«, die für die Befreiung ihrer Völker aus dem Zwangsverband Äthiopien kämpfen. Jeder Stupiditätler sieht auf den ersten Blick: vom Klassenkampf verstehn die nichts.

Doch auch die Entwicklungsexperten, die Dritt-Welt-Spezialisten und UNO-Beamten machen sich Sorgen. Daß sich eine Insel im Pazifischen Ozean von französischer Kolonialherrschaft befreit, ist legitim und liegt im Trend der Zeit. Daß sich Völker innerhalb des einzigen Staates Afrikas, der weißer Kolonialherrschaft entging, von ihren schwarzen Kolonisatoren befreien wollen, ist aber ein Widerspruch in sich und in der politischen Terminologie des Nordens nicht vorgesehen.

Rechtliche und wirtschaftliche Gründe für die Einheit des Staats werden vorgeschoben. Die Grenzen afrikanischer Staaten seien sakrosankt. Das hat eine Handvoll von Regierungschefs so festgelegt. Und die kleinen Staaten, die aus einem zersplitterten Äthiopien entstünden, wären nicht mehr lebensfähig. Aber wie lebensfähig ist eine Zwangsgemeinschaft, die ins dritte Jahrzehnt bewaffneter Auseinandersetzungen geht? Die Kosten der Operation trägt die äthiopische Regierung nicht selbst. Die ersten, die zahlen, sind die Bauern, und die Hungersnöte belegen, wie. Die zweiten sind die Sowjets, die dem staatsmännischen Werk die Waffen liefern, und die dritten der Westen, der etwas Geld und sein Überschußgetreide deponiert.

Die progressive Hälfte des Westens würde diese Fakten und Fragen längst herunterbeten, wenn die Befreiungsbewegungen in Äthiopien nur den richtigen Feind hätten. Stünde Uncle Sam nun seit zehn Jahren hinter der äthiopischen Regierung, kennte die Solidaritätsbewegung keine Grenzen mehr. All die großartigen Entwicklungsprogramme, die auf die äthiopischen Bauern niederprasseln, wären entlarvt als das, was sie sind: Counterinsurgency-Strategie. Umsiedlungen und Verdorfungen – alles schon gesehen: in Vietnam, in Guatemala, in Indonesien.

Doch nicht nur die Linke, auch die amerikanische Regierung hat Mühe, sich in Äthiopien zurechtzufinden. »Freiheitskämpfer gegen den Kommunismus« – klar, die werden unterstützt: in Nicaragua, Angola, Afghanistan und Kambodscha. In Äthiopien? Nein, danke. Die Frage ist zwar mehrmals im National Security Council und im CIA erörtert worden. Doch was sollen die USA mit diesen linken Guerillas anfangen, die nicht zu Kreuze kriechen, obwohl sie gegen die Sowjetunion kämpfen? Und wie dürfen sie es riskieren, den Zerfall eines afrikanischen Staates beschleunigen zu helfen und damit im DOMINO-EFFEKT ein unkontrollierbares Chaos in Schwarzafrika zu entfesseln?

Deshalb hat sich westliche Diplomatie darauf verlegt, Äthiopien geduldig und auf lange Sicht ins eigene Lager zurückzukaufen. Dazu schadet der militärische Druck der Guerillas nicht. Gut, daß die arabischen Staaten die eine oder andere Bewegung etwas unterstützen. Derweil pflegen die USA den warmen Kontakt zu den Überläufern des Regimes und träumen vom Tag, an dem die äthiopische Armee selbst den schwarzen Zaren stürzt, die Allianz mit der Sowjetunion kappt und zur Mutterbrust zurückkehrt. Machtvolle Protestdemonstrationen der internationalen Stupidität sind für diesen Tag schon garantiert.

P. N., März 1988

Es kochen viel zu viele Köche mit in Äthiopien

Seit sich in Addis Abeba die Sowjets eingenistet haben,
setzen die Amerikaner
auf einen Putsch gegen Mengistu

Präsident Mengistu hat den Putschversuch letzte Woche zwar überstanden, doch damit sind die Probleme für ihn nicht vom Tisch. Verschiedene Guerillabewegungen im Lande werden an Schlagkraft gewinnen. Die Sowjetunion, mit deren Waffenhilfe sich Äthiopiens Staatschef praktisch nur an der Macht halten kann, will ihre Unterstützung reduzieren. Seit dem Reykjavik-Gipfel verlangen die Vereinigten Staaten ein sowjetisches Desengagement in Äthiopien.

Die bis jetzt bekannten Putschführer in Äthiopien verbanden zwei Eigenschaften. Sie dienten in Truppenteilen, die seit Jahren im Kampf gegen die Aufständischen stehen, und sie waren Offiziere, die ihre Promotion in erster Linie durch Professionalität und nicht durch politische Loyalität zum Staatschef erlangten. Keiner von ihnen war ein Mitglied des Derg, jener Offiziersgruppe, mit welcher Mengistu 1974 an die Macht gelangt war. Einige von ihnen galten als sehr eigenständige Köpfe, die sich in den äußerst engen Grenzen von Mengistus Diktatur eine eigene Meinung erlaubten.

Über Radio Asmara haben die Putschisten verkündet, ihre Regierung werde sämtliche Guerilla- und Oppositionsgruppen zu Gesprächen über die Zukunft

Äthiopiens einladen, um zu einem Frieden zu gelangen. Das »kommunistische Regime« Mengistus wurde als Hindernis dazu bezeichnet. Für die neue Nomenklatura Mengistus war das ein Fingerzeig, daß sie bei einem Sieg der Rebellen alles verlieren würde. Möglicherweise haben die Putschisten den Überlebenstrieb dieser Schicht unterschätzt.

Die Sprachregelung der Putschisten war fast identisch mit dem Programm einer bis jetzt sehr schattenhaften Oppositionsgruppierung. Seit 1988 propagiert sich eine »Freie äthiopische Soldatenbewegung«, die Mengistu als die Quelle aller Übel Äthiopiens identifiziert. Sie behauptet, über ein heimliches Netz in der Armee zu verfügen, das den Sturz des Diktators verfolge. Flugblätter der Bewegung sind diesen März in Addis Abeba in die Menge geworfen worden. Ihre bekannten Auslandsvertreter sind ehemalige Würdenträger des Regimes, die heute in den USA als Flüchtlinge leben. Die »Soldatenbewegung« hatte über Radiosendungen vom benachbarten Sudan aus ihre Ansichten bekanntgemacht. Ob die Putschisten mit ihr verbunden sind, werden Mengistus Untersuchungsbeamte von den gefangenen Putschisten durch die Folter zu erfahren suchen.

Auch wenn sich Mengistu letzte Woche durchgesetzt hat, stehen ihm schwierige Monate bevor. Seit dem äthiopisch-somalischen Krieg 1977/78 hält sich sein Regime in der Auseinandersetzung mit mehreren Guerillabewegungen im wesentlichen nur durch sowjetische Waffenhilfe an der Macht. Diese soll aber schon ab nächstem Jahr drastisch reduziert werden. Alternativer Nachschub ist nicht in Sicht. Reisen des »geliebten revolutionären Führers« nach China und Nordkorea, und wahrscheinlich auch diejenige kürzlich in die DDR, dienten zwar diesem Zweck. Aber die Chinesen wollten Cash, und Nordkorea wie die DDR können die

Sowjets nicht ersetzen, obwohl sie sich in der kommunistischen Welt ähnlich marginalisiert wie Mengistu fühlen.

Es fiel auf, daß sich die Putschisten jeglicher Polemik gegen die Sowjetunion enthielten. Diese ist in den vergangenen zwei Jahren derart deutlich auf Distanz zu Mengistu gegangen, daß sie immer weniger in der Schußlinie der Opposition liegt. Auch den amerikanischen Vorstellungen kommt die neue Äthiopienpolitik der Sowjets entgegen. Seit dem Reykjavik-Gipfeltreffen verlangen die USA ein sowjetisches Desengagement in Äthiopien. Anders aber als Angola oder Afghanistan haben die USA gezögert, ob sie lieber auf Mengistu oder seine Opposition setzen möchten. Reagans Regierung hat die drei großen äthiopischen Guerillabewegungen der Eritreer, Tigray und Oromo nie als »Freiheitskämpfer« begrüßt, die die gleiche Unterstützung wie die Contras, die Unitas oder die Afghanen verdienen. Konservativen Kritikern, die eine verpaßte Chance witterten, entgegnete die Regierung Reagan, die äthiopischen Regimegegner verfolgten Ziele, die mit amerikanischer Politik nicht vereinbar seien. Erstens seien sie Sezessionisten und zweitens »Marxisten« wie die Regierung selbst. Amerikanische Regierungsgesandte in Addis Abeba haben denn auch nie versäumt, trotz aller schwerer Divergenzen, die volle Unterstützung der USA für die Aufrechterhaltung der territorialen Integrität Äthiopiens zu betonen.

Politische und kulturelle Macht bei der Minderheit

Zur Verteidigung des hohen Guts staatlicher Einheit führten diverse äthiopische Regierungen Krieg:
- Seit 28 Jahren in Eritrea, dessen Guerilla einen Volks-

entscheid verlangt, ob die ehemals italienische Kolonie unabhängig werden oder bei Äthiopien bleiben soll.

● Seit 14 Jahren in Tigray, wo die Befreiungsbewegung regionale Autonomie, Machtteilung in Addis Abeba und einen Föderalismus der Nationalitäten innerhalb Äthiopiens wünscht.

● Und schließlich seit 13 Jahren in Hararghe und Wollega gegen die Oromo-Befreiungsfront, die für die Loslösung des 20-Millionen-Volks der Oromo aus dem äthiopischen Staatsverband kämpft.

Vergleichbar dem benachbarten Sudan oder dem fernen Südafrika ist der Vielvölkerstaat Äthiopien entlang einer ethnischen Hierarchie strukturiert. Die politische und kulturelle Macht liegt, etwas vereinfacht gesagt, in den Händen der Minderheit der Amhara. Sie bilden zusammen mit dem verwandten Volk der Tigray die altchristliche abessinische Kultur, die im nördlichen Hochland Äthiopiens Hunderte von Jahren existiert hat.

Erst vor 100 Jahren sind zwei Drittel des gegenwärtigen Territoriums durch den Kaiser Menelik hinzuerobert worden – die Waffenhilfe, die Italiener, Briten und Franzosen dem »schwarzen christlichen Bruder« gewährten, war ausschlaggebend. Viele der Unterworfenen, vor allem Oromo, wandten sich in einem letzten Akt des Widerstands dem Islam zu.

Wie die Südsudanesen im Nachbarland waren die Oromo die »Nigger« im modernen äthiopischen Staat. Die Tigray wiederum hat die Expansion des Reichs in den Süden von den Quellen und Pfründen der Macht entfernt. Und die Eritreer wurden 1952 per Uno-Dekret einem Staat angeschlossen, den sie wirtschaftlich schon lange überholt hatten und dessen autokratisches Gebaren ihre differenzierte, an Meinungsstreit gewohnte Elite vor den Kopf stieß. Die revolutionäre Militärregierung seit 1974 hat durch die anfängliche zaghafte politische Öffnung den Nationalismus der einzelnen Völker des auseinanderstrebenden Staatsgebildes weiter ermuntert und in der darauffolgenden harten, durch die Sowjets ermöglichten Ressourcen geschärft. Zur Schaffung des »neuen Äthiopiers«, der seine Ursprünge als Amhara, Tigray, Oromo oder Eritreer vergißt, lancierte die Regierung Mengistus die katastrophalen Bevölkerungsumschichtungs- und Vermischungsprogramme, mit welchen seit 1985 an die 15 Millionen Bauern über Hunderte von Kilometern umgesiedelt oder aus ihren alten Siedlungen in neue Wehrdörfer gezwungen wurden. Um langfristig der Guerilla den Boden zu entziehen, werden ethnisch homogene Siedlungsgebiete aufgebrochen und die Kleinbauern ihrer wirtschaftlichen Selbständigkeit beraubt.

Föderation zwischen Eritrea und Äthiopien?

Für die USA waren die Programme, die sie streng verurteilten, lediglich die Anwendung sowjetischer Doktrinen auf die äthiopische Landwirtschaft, obwohl sich die Sowjets davon distanziert hatten. Ein Blick in die Welt hätte aber gezeigt, daß unter verschiedenen politischen Vorzeichen ähnliche Probleme durch ähnliche Strategien zu lösen versucht werden. Indonesien will mit massenhaften Umsiedlungen seine peripheren Inseln ethnisch »homogenisieren«. Die Indios Guatemalas sind in Wehrdörfer gepreßt worden, um der (weißen) Regierung die Kontrolle über das Land zu sichern, und Rumäniens Conducator arbeitet an einem Dorfvernichtungsprogramm, das er dem äthiopischen Vorbild hätte abschauen können.

Vor allem die Sowjets drängten in der jüngsten Zeit darauf, daß die Nationalitätenkonflikte Äthiopiens nur durch Verhandlungen, das heißt auch Konzessionen an die Aufständischen, gelöst werden könnten. Sowjets und Amerikaner scheinen am ehesten bereit, den eritreischen Forderungen eine gewisse Legitimität zuzugestehen. Gegenwärtig wird laut darüber nachgedacht, ob die Wiederherstellung der Föderation zwischen Eritrea und Äthiopien, die Kaiser Haile Selassie 1961 einseitig annullierte, zum Friedensschluß führen könnte.

Im April hat sich der amerikanische Ex-Präsident Carter auf einer selbsternannten Friedensmission auch mit der Tigray-Volksbefreiungsfront (TPLF) getroffen. Diese hat nach ihren glänzenden militärischen Erfolgen im Februar die Bildung einer Allparteienregierung in Addis Abeba vorgeschlagen, eine Vorstellung, die mit der der Putschisten fast identisch ist. Die panäthiopische Ausrichtung der TPLF verträgt sich gut mit der amerikanischen Sorge, die »Einheit« Äthiopiens zu bewahren. Ironischerweise entspricht die TPLF allerdings am ehesten dem, was die USA als »marxistisch« an den Guerillabewegungen kritisiert hatten.

Wie die anderen Fronten war sie in ihren Anfängen einem Sozialismus verpflichtet, der in den USA, als Verbündete des Kaisers, den bösen Feind sah und in der Sowjetunion die Hoffnung der Dritten Welt. Die TPLF hat den Schock, plötzlich gegen eine sowjetisch aufgerüstete Regierung kämpfen zu müssen, durch eine sektiererische Volte bewältigt. Sie sieht nur noch weltweit »Verräter« des Kommunismus am Werk, denen gegenüber sie die »wahre Lehre« aufrechterhält.

Demgegenüber haben die EPLF und besonders die Oromo-Befreiungsfront (OLF) als Folge der sowjetischen Intervention schon vor Gorbatschow ihre »Perestroika« begonnen. Die Führer der EPLF bzeichnen den ideologischen Eifer der TPLF spöttisch als »alten Kram aus den sechziger Jahren«, während die OLF in den Gebieten Äthiopiens operiert, wo Mengistus Sozialismus die tiefsten Spuren, das heißt den größten Haß unter den

Bauern hinterlassen hat. Es ist diese pragmatischste Bewegung, die das tiefste Mißtrauen aller Mächte, die in der Region mitzumischen versuchen, auf sich zieht. Daß sie »Selbstbestimmung« für ihr Volk anstrebt, verletzt das einzige Dogma afrikanischer Politik, das allseitigen Respekt erworben hat: die Unverletzlichkeit der Grenzen. Der Verlust der Oromo-Gebiete würde zudem Äthiopien des Kaffees und der besten Landwirtschaftsböden berauben. Würde die OLF die Herrschaft über ganz Äthiopien anzielen, wäre ihr ein größeres Wohlwollen außenstehender Regierungen sicher. Schließlich formen die Oromo den größten ethnischen Block – weshalb sollten sie nicht regieren? Keine Vorstellung stößt aber auf größeren Widerstand in der Diskussion mit abessinischen Oppositionsgruppen als diese. Die Regierung Mengistu hat auf ihre Art alles getan, um dieser »Gefahr« vorzubeugen. Nicht zuletzt durch die neue Verwaltungseinteilung Äthiopiens, die viele große Oromo-Provinzen weiter aufgespalten und an Territorien anderer Ethnien angeschlossen hat. Die USA scheinen entschlossen, auf solche Empfindlichkeiten Rücksicht zu nehmen. Amerikanische Hilfsorganisationen erhielten kürzlich die Weisung, zukünftig keine Regierungsmittel mehr an den humanitären Zweig der OLF weiterzuleiten. Ob sich der Oromo-Faktor in einer künftigen Neuordnung Äthiopiens ausschalten läßt, bleibt dahingestellt.

Eine solche Neuordnung haben die USA allerdings nie von den Guerillas erwartet. Seit sich die Sowjets in Äthiopien eingenistet hatten, setzten die USA auf die Möglichkeit eines Putschs gegen Mengistu. Verschiedene Anzeichen deuten darauf hin, daß deshalb die »Freie äthiopische Soldatenbewegung« diskrete amerikanische Unterstützung genießt.

Sie ist sich einig in der Ablehnung jeglicher »Sezession«, und die Putschisten von letzter Woche dürften dasselbe gedacht haben. Nur hofft sie, daß sich dies ohne Gewalt durchsetzen ließe, durch die Schaffung einer »demokratischen« und kompromißbereiten Atmosphäre. Dazu sollten aber die Probleme amharischer Hegemonie im Staat offen angesprochen werden, was nicht der Fall ist und was auch die Putschisten nicht getan haben. Daß Mengistu das einzige Problem Äthiopiens sei, dürfte sich als Illusion erweisen.

Sowjetischer Druck und peinliche Niederlagen gegen die Guerillas haben die äthiopischen Generäle zum Putschversuch von letzter Woche ermutigt. Sein Scheitern wird die Probleme von Staatschef Mengistu Haile Maryam nicht lösen. Zu viele Köche mischen mit und versuchen eine Neuordnung Äthiopiens zu erzwingen.

P. N., Juni 1989

Hausgemachter Hunger

Äthiopien geht ins vierte Jahr offiziell deklarierter Hungersnot, und ein Ende ist nicht absehbar. Diesmal, sagen die Behörden, seien fünf Millionen Menschen betroffen, fast gleich viel wie 1984/85. Wiederum wird Dürre für den Hunger verantwortlich gemacht. Unbefriedigenden Niederschlag meldet auch die Sahelzone. Aber die Nahrungsbedürfnisse, die Staaten wie etwa Mali haben, sind zwanzigmal kleiner als im großen Dürrejahr 1984/85.

Wieso Äthiopien eine Ausnahme macht, und klimatische Schwankungen hier als Katastrophe durchschlagen, versucht das Buch »Politik des Schweigens«[1] zu beantworten. »Das Beispiel Äthiopien zeigt eine immer noch gültige Regel des Sozialismus«, schreiben die Autoren. »Die Zerstörung des sozialen Netzwerks der Bauern, ihre traditionellen Produktionsweisen und des Geflechts gegenseitiger Hilfeleistungen setzen den Agrarsektor in extremem Maße den klimatischen Bedingungen aus.«

Tatsächlich startete die äthiopische Regierung auf dem Höhepunkt der letzten Hungersnot ihre Bauernentwurzelungsprogramme. Millionen sind seither umgesiedelt oder in Neudörfer verschoben worden, Tausende daran gestorben, während die Produktivität der

---

[1] André Glucksmann, Thierry Wolton: Politik des Schweigens. Hintergründe der Hungerkatastrophe in Äthiopien. Deutsche Verlagsanstalt Stuttgart, 1987

Überlebenden weiter sinkt. Die Autoren vergleichen die äthiopischen Vorgänge mit der Hungersnot in der Ukraine 1933–35, die durch Stalins Zwangskollektivierung verursacht wurde, oder mit der Hungersnot in China 1959–61 während des »Großen Sprungs nach vorn«.

Sie zeigen auf, wie die westliche Hungerhilfe der äthiopischen Regierung überhaupt ermöglichte, ihre Variante der Kollektivierung in Gang zu setzen. Obwohl die Vorgänge innerhalb der Gemeinde der Hilfswerke heftige Kontroversen auslösten, herrschte nach außen komplizenhaftes Schweigen. Geschwiegen wurde über die Ursachen der Hungersnot, nämlich Krieg und kleinbauernfeindliche Politik der Regierung. Um so geschwätziger hingegen stellten die Hilfswerke die Bedeutung der Hungersnot für uns heraus, für die gesättigten Westler und Weißen. Das Sterben hungernder Kinder vor laufender Kamera löste die größte Spendenwelle in diesem Jahrhundert aus, in welcher die Kolonialschuld und die Schuld, auf Kosten anderer reich zu sein, symbolisch abgetragen wurde.

Hätte dieses Purgatorium durch die Kritik der Hilfswerke an den wirklich Verantwortlichen gestört werden sollen? Und haben die Spenden mehr Leben in Äthiopien gerettet, als sie zu vernichten halfen? Diese Fragen im Buch sind von aktuellster Bedeutung. Am 18. November beschloß die äthiopische Regierung, auf die erneute Zuspitzung der Hungersnot mit einer Wiederaufnahme des Umsiedlungsprogramms zu antworten.

Das Buch hat in Frankreich heftige Polemik ausgelöst. Unter dem Titel *Choisir les victimes* mokierte sich *Le Monde Diplomatique* über die Einteilung in gute und schlechte Opfer und fragte, haarscharf an der Sache vorbei, ob Opfern kommunistischer Regime keine Hilfe geleistet werden dürfe. Die Debatte spiegelte wider, was man Provinz Frankreich nennen könnte, wo die Achtundsechziger erst Ende der siebziger Jahre den Gulag entdeckten und seither auf dem antistalinistischen Kriegspfad sind. Ex-Maoist und Schnellphilosoph André Glucksmann ist ein prominenter Sprecher der Richtung. Die französische Linke reagiert entsprechend archaisch darauf: Wenn der Kommunismus Fehler macht, dann sollen erst recht die Schweinereien des Kapitalismus gegeißelt werden.

Ziele der Umsiedlung

Von der äthiopischen Problematik führt diese Polemik weg, und die beiden Autoren haben, auch wenn sie sich Mühe geben, von Afrika etwas zu verstehen, ihren Anteil daran. Die äthiopischen Umsiedlungen wie Verdorfungen sind weniger mit der Kollektivierung in der Sowjetunion oder China zu vergleichen als mit analogen »Verwaltungsmaßnahmen« in der Dritten Welt. So ist beispielsweise schon lange verdorft worden in Guatemala, um der schmalen, spanischstämmigen Elite die Herrschaft über die Indio-Mehrheit zu sichern. Und umgesiedelt wird etwa auch in Indonesien, um die entlegenen Inseln des Archipels durch das Staatsvolk zu kolonisieren, wobei die einheimischen Ethnien zerstört werden.

Darum geht es auch in Äthiopien: Mit der Vernichtung der Kleinbauern als selbständiger Produzenten wird auf lange Sicht den diversen Guerillabewegungen das Wasser abgegraben werden, und durch die Umsiedlung werden ethnisch nicht loyale Grenzregionen vom Zentrum aus kolonisiert und politisch überhaupt erst ins Staatsterritorium eingebracht. Was Äthiopien im afrikanischen Rahmen auszeichnet, ist nicht die Verachtung der Bauern durch die städtische Elite, sondern die Konsequenz, mit welcher dieser Staatsapparat die traditionelle Landwirtschaft zerschlägt. Und das ist die

Folge des »Sozialismus«, den die Autoren richtigerweise als Instrument verstehen, mit welchem an die Macht gekommene Offiziere ihre Herrschaft am besten langfristig konsolidieren können.

P. N., April 1988

Mengistu soll ruhig noch etwas bleiben

Zu dem mißlungenen Putsch
in Addis Abeba

Am 17. Mai gab es große Schlagzeilen auf den ersten Seiten aller wichtigen Zeitungen vom Putsch gegen den marxistischen Präsidenten Äthiopiens, Mengistu Haile Maryam. Aber von Tag zu Tag rutschten die Meldungen darüber weiter nach hinten, bis nach fünf Tagen eine kaum ins Auge fallende Notiz von der Parade von 500000 jubelnden Untertanen berichtete, die am 21. Mai in Addis Abeba Mengistus Sieg über den Putschisten feierten. Was war geschehen und was wird von dem kurzen, aber dramatischen und blutigen Ereignis im Gedächtnis bleiben? Was sind die Hintergründe dieser niedergeschlagenen Militärrevolte und des drohenden, aber noch einmal verhinderten Zerfalls von Mengistus Herrschaft über seinen afrikanischen Vielvölkerstaat, dessen Bestand keineswegs nur von den Eritreern und Tigre im Norden – je drei bis vier Millionen –, sondern viel mehr noch von dem nach Selbstbestimmung strebenden großen Volk der Oromo (20 Millionen) im Süden in Frage gestellt ist?

Mengistu war am 16. Mai zur Staatsvisite in die DDR gereist, um dort, so wird in diplomatischen Kreisen offen gesagt, Waffen oder Munition zu erbitten, nachdem die Sowjetunion, China und Nordkorea sich in diesem Punkte keineswegs mehr kooperativ zeigen. Waffen aber braucht Mengistu in großen Mengen, wenn er an seiner schier aussichtslosen Politik festhält, den auseinanderstrebenden Vielvölkerstaat durch massive Militärgewalt zusammenzuhalten. Denn mit der vielleicht zu Beginn der Revolution attraktiv erscheinenden kommunistischen Staatsideologie schafft er das gewiß nicht mehr. Zu düster ist die Bilanz nach 14 Jahren Gewaltherrschaft: Die Zerstörung der Dörfer von zwölf Millionen Menschen und die zwangsweise Umsiedlung der Bevölkerung in von der Partei organisierte enge, lagerähnliche Siedlungen haben das Sozialgefüge und die Wirtschaft der Völker im äthiopischen Reich so nachhaltig negativ getroffen, daß Apathie und Resignation um sich greifen – einerseits die rechte Mischung für einen Diktator, andererseits für Widerstand und Erhebung, wenn die zündende Idee ausgesprochen wird.

Kaum war Mengistu von Erich Honecker in Schönefeld begrüßt worden und kaum waren die ersten Reden in Ost-Berlin ausgetauscht, als die Meldungen von der Revolte der in Asmara stationierten zweiten Armee bekannt wurden. Mengistu brach die für vier Tage geplante Visite sofort ab und flog am zweiten Tag zurück. Mutig ahmte er seinen Vorgänger Kaiser Haile Selassie nach, den er 1974 stürzte und 1975 hatte ermorden lassen: Der war ebenfalls bei einem Staatsbesuch auswärts von einem Militärputsch zu Hause überrascht worden und trotz der alarmierenden Nachrichten, die ihn damals (1960) in Brasilien erreichten, sofort heimgeflogen, wo er den Putsch niederschlug.

Mengistu landete am 17. Mai wieder auf dem Flugplatz von Addis Abeba, und 24 Stunden später konnte Bilanz gezogen werden: Einige Minister und Generäle, die Köpfe des Putsches, wurden in Addis Abeba und Asmara erschossen, und Asmara, die Hauptstadt Eritreas, die schon völlig in der Hand der eritreischen Volksbefreiungsfront gewesen war – so lauteten jedenfalls die Nachrichten des Staatssenders in Asmara – wurde schnell von regierungstreuen Truppen zurückerobert. Auch im Osten des Reiches, in der alten islamischen Stadt Harar, hatten Truppenteile gemeutert, waren aber schnell besiegt worden. Sehr heftig war auch auf dem Luftwaffenstützpunkt in Debre Zeit, rund 40 Kilometer von der Hauptstadt, gekämpft worden.

Mengistu war Sieger und befahl eine halbe Million Menschen zur Jubelfeier auf den Revolutionsplatz. Jedem Kundigen jedoch ist deutlich, daß dieser Sieg nicht viel mehr als ein Aufschub ist, vielleicht ein letzter. Mengistu ist am Ende. Er hat sich einfach zuviel vorgenommen. Sein Vorgänger, Kaiser Menelik II. (1889–1913), der seine Herrschaft, wie nach ihm Haile Selassie und Mengistu selbst, auf die Elite des kleinen amharischen Volkes stützte, war klug genug gewesen zu erkennen, daß es mit dieser schmalen Hausmacht, der amharischen Elite, vermehrt von assimilierten Oromo und Tigre, unmöglich ist, von Addis Abeba aus sowohl Eritrea im fernen Norden als auch das große Oromoland im Süden in seinem Reich zu vereinen. Menelik II. verzichtete in einem Staatsvertrag mit den Italienern (Witschalie 1889) auf Eritrea, und seither war Eritrea selbständig: bis 1941 als italienische Kolonie, dann bis 1952 unter britischem Protektorat und schließlich, laut UNO-Beschluß, in einer Föderation mit Äthiopien.

Als Äthiopien 1962 Eritrea völkerrechtswidrig annektierte, begann der Freiheitskampf der Eritreer, über den letztendlich Haile Selassie stürzte, denn 1974 begann die Revolution mit einer Revolte der zweiten Armee in Asmara. Auch Mengistu kann ganz offensichtlich trotz ungeheurer Waffenhilfe von der Sowjetunion diese Auseinandersetzung nicht gewinnen. Experten schätzen, daß in diesem Krieg schon mehrere hunderttausend Soldaten auf der Seite der Zentralregierung in Eritrea gefallen sind.

Warum kann Mengistu und auch jeder seiner potentiellen Nachfolger diesen Krieg in Eritrea nicht gewinnen? In fast allen Nachrichten und Medien wird verschwiegen, daß es neben den militärisch überaus erfolgreichen Rebellen oder Befreiungsbewegungen im Norden, den Eritreern und Tigre, im Süden die zwar militärisch noch nicht so spektakulär sichtbare, politisch aber viel gewichtigere, weil ein viel größeres Volk repräsentierende Befreiungsfront der Oromo (OLF) gibt. Das Volk der Oromo, das Kaiser Menelik II. in den Jahren 1890–1905 dank überlegener Feuerwaffen, die er von europäischen Partnern erhandelt hatte – deswegen war auch Mengistu in die DDR gefahren –, unterwarf und als Kolonie dem amharischen Kaiserreich angliederte, erhebt sich jetzt mit ganz unwiderstehbarer Macht. Die Eritreer kämpfen schon 27 Jahre. Die Oromo kämpfen, nach mehreren Aufständen in den vergangenen 100 Jahren, seit 14 Jahren gegen Mengistus Gewaltherrschaft, die noch den letzten Oromo aus seinem Dorf in Staatssiedlungen treibt und keine einzige Schule in der Oromosprache zuläßt; jeder Oromo muß in einer fremden Sprache und Kultur seine Bildung erwerben, wenn er überhaupt Gelegenheit dazu erhält.

Das Heer Mengistus besteht zu gut 60 Prozent aus zumeist unzufriedenen und zwangsrekrutierten Oromo. In Asmara wurde am 17. Mai der revoltierende General Demissie Bulto, ein Oromo, erschossen. In der Luftwaffe dienen viele Oromo als Piloten – und werfen oft ihre Bombenladung in Eritrea absichtlich in die Wüste. Seit die Befreiungsbewegung der Oromo einen eigenen Radiosender betreibt, wächst die Unwilligkeit der Oromo, sich in Eritrea für die Idee eines kommunistischen, amharischen Imperiums abschlachten zu lassen, rapide. Einige Oromo mögen sich über das Mißlingen des Putsches gegen Mengistu freuen oder ihm doch auch eine gute Seite abgewinnen, obwohl er die prominentesten Oromo in seinen Kerkern foltert und seit zehn Jahren ohne jede Gerichtsverhandlung gefangenhält. Denn Oromo-Befreiungstruppen stehen im Osten und Westen nur mehr rund 200 Kilometer oder weniger von der Hauptstadt Addis Abeba entfernt, und wenn Mengistu fällt, wollen sie gerne in ihrem geliebten Finfinne sein, so hieß Addis Abeba vor der Eroberung durch den Amharenkaiser Menelik II., und über die Neugestaltung des Reiches mitreden. Darum gönnen sie Mengistu noch einige Zeit.

G. H., Mai 1989

Ein Tropfen
auf den heißen Stein

Äthiopien läßt 900 politische Gefangene frei

In Äthiopien wird seit anderthalb Jahrtausenden am 11. September Neujahr gefeiert und seit 1984 am 12. September der Tag der Gründung der kommunistischen Arbeiterpartei begangen. In den letzten Jahren war das für den äthiopischen Diktator Mengistu Haile Maryam Anlaß, Anfang September einige seiner von Experten auf etliche hunderttausend geschätzten politischen Gefangenen freizulassen. Allein in der Landeshauptstadt Addis Abeba gibt es heute mindestens 60 000 politische Gefangene in den etwa 300 Gefängnissen der verschiedenen Stadtbezirke. Im Jahr 1980 waren es noch 135 000.

Was die Freunde der Mekane Yesus Kirche und des Oromovolkes, des größten im Vielvölkerstaat Äthiopien, besonders freut, ist die Tatsache, daß jetzt endlich prominente Oromo, die fast ein Jahrzehnt ohne Anklage in Gefängnissen gequält wurden, entlassen wurden. Im Februar 1980 waren etwa 200 Oromo-Frauen verhaftet worden, darunter Tsehay Tolessa, die Ehefrau des am 28. Juli 1979 ermordeten Generalsekretärs der Mekane Yesus Kirche, Gudina Tumsa. Sie ist, ebenso wie die als PEN-Ehrenmitglied geehrte Frau Marta Kumsa und die ehemalige Leiterin des Kaufhauses Misrak, Adisse Geneti, schwerstens gefoltert worden. Man muß fürchten, daß alle drei, die wir hier stellvertretend für viele hundert andere nennen, schwere bleibende körperliche und seelische Schäden erlitten haben. Seit dem 2. September sind sie frei.

Unter den 900 Amnestierten befinden sich auch drei Männer, die sich seit zehn Jahren in den qualvoll engen Zellen des berüchtigsten Foltergefängnisses befanden, das allgemein Sostenya genannt wurde, d. h. das Gefängnis des dritten Bezirks. Es sind der Oromo Abiyou Geletta, ein hochgebildeter Absolvent der Harvard-Universität/USA, zuletzt Gouverneur der Provinz Wollega im Oromoland; ferner Ababya Aba Jobir, Prinz des Oromo-Sultanats (Königtums) von Jimma im Südwesten des Vielvölkerstaats, Absolvent der McGill-Universität in Kanada und zuletzt Richter in höchster Position in Addis Abeba; und schließlich der ehemalige Landwirtschaftsminister Zegeye Asfaw, auch er ein prominenter Oromo. Besonders die beiden erstgenannten sind schwerstens gefoltert worden. Ich habe selbst mehrere ehemalige Häftlinge gesprochen, die mit diesen zu Krüppeln Gefolterten längere Zeit in einer Zelle gewesen waren. Die Freude über die Freilassung dieser von vielen geschätzten und geliebten Gefangenen ist sehr groß.

Warum geschah die Freilassung erst jetzt und nicht schon früher? Warum haben alle früheren Appelle an die äthiopische Regierung nichts bewirkt? Einmal handelt es sich um eine Geste im Hinblick auf die für diese Tage geplanten ersten Gespräche zwischen Eritrea und der äthiopischen Zentralregierung, die in Atlanta in den USA unter der Vermittlung oder Schirmherrschaft des ehemaligen US-Präsidenten Jimmy Carter stattfinden. Eine Andeutung von gutem Willen mußte die äthiopische Regierung zeigen. Zweitens ist die äthiopische Regierung heute so schwach wie noch nie in den letzten zehn Jahren. Der Widerstand der Oromo, Eritreer und Tigre gegen die totalitäre und amharisch-rassistische

Zentralregierung ist stärker denn je. Die Zentralregierung ist auf Hilfe und Sympathie von außen angewiesen.

Die Freilassung der Gefangenen, darunter der prominenten Oromo, soll, sicher auch in den Kirchen des Westens, gut Wetter machen. Sie wurde von den Oromo im Ausland mit Jubel begrüßt. Im Vergleich zu den vielen Hunderttausenden von noch Gefangenen, zu den ungeheuren Folterungen und zu der Entwurzelung von 15 Millionen Menschen in Äthiopien ist diese Freilassung zu Neujahr, so sagen alle Kenner, jedoch nicht mehr als ein Tropfen auf den heißen Stein.

G. H., September 1989

Gespräch mit Dima Yunis –

dem führenden Mitglied
in der Befreiungsbewegung der Oromo (OLF)

Mitarbeiter des Berliner Missionswerkes besuchten im März/April 1988 die Flüchtlingsarbeit der Oromo in Yabus/Sudan und im Oromoland/Süd-Äthiopien. Bei dieser Gelegenheit wurde ein Interview mit Dima Yunis, einem der Führer der OLF, geführt. Dima Yunis ist seit den frühen siebziger Jahren in der Oromobewegung engagiert, die zuerst gegen das kaiserliche Regime und seit der Revolution 1974, die ihre Versprechen für die Oromo nicht eingelöst hat, gegen die amharisch dominierte Zentralregierung in Addis Abeba kämpft.

Die Befreiungsbewegung der Oromo (OLF) stützt sich auf alte demokratische Traditionen (Gada-System) des Oromo-Volkes, das heute ca. 18–20 Millionen zählt und das bei weitem größte Volk im äthiopischen Vielvölkerstaat ist. Ulrike Löbs, Öffentlichkeitsreferentin im Berliner Missionswerk, stellte die Fragen.

Frage: *Wir befinden uns hier in Yabus, einer Stadt erbaut von Oromo-Flüchtlingen im Südosten des Sudan. 5000 Menschen haben hier Zuflucht gefunden. Woher kommen die Flüchtlinge?*

Dima Yunis: Die erste Gruppe kam bereits 1978 in den Sudan, und ließ sich südlich von hier in der Upper Nile Provinz nieder. Als wir 1980/81 hier zu arbeiten begannen, kamen wir mit ihnen in Kontakt. Wir halfen ihnen mit den bescheidenen Mitteln, die uns zur Verfügung standen. Weitere Gruppen von Flüchtlingen siedelten sich dort an, bis wir sie alle 1984 nach einem Angriff der Sudanesischen Befreiungsfront (SPLA) nach Yabus bringen mußten.

F: *Was waren die Ursachen der Flucht?*

D: In den Jahren 1984 bis 1986 stieg die Zahl der Flüchtlinge aufgrund der Verschlechterung der Lage in Äthiopien, die die Menschen zwang, ihre Heimat zu verlassen. Hauptsächlich waren es zwei Faktoren:

1. Die **Umsiedlungsprogramme** der äthiopischen Regierung, die die Bewohner aus dem Norden und Westen des Landes in die südwestlichen Provinzen Wollega, Illubabor und Kaffa verschoben, bedeutete die Vertreibung der dort ansässigen Bevölkerung. Sie werden gezwungen, ihre eigenen Farmen aufzugeben und für die Neuankömmlinge Häuser zu bauen und für diese zu farmen.

2. Das **Dorfansiedlungsprogramm.** Dies bedeutet die totale Vertreibung der ländlichen Bevölkerung aus ihren angestammten Dörfern. Sie werden in neuen Siedlungen entlang der Straßen, die die Regierung leicht kontrollieren kann, zusammengefaßt. Sie verlieren ihre alten Höfe, ihre Pflanzungen und Obstgärten. Sie lassen alles hinter sich und beginnen ein »neues Leben«.

F: *Was ist der Unterschied zwischen den beiden Programmen?*

D: Das **Umsiedlungsprogramm** ist ein altes Konzept und stammt aus der Kolonialzeit. Die kolonialen Eroberer, die Amharen, etablierten Militärgarnisonen und Verwaltungsstädte, um die kolonialisierten Völker, die Oromo und andere, zu beherrschen. Seit jener Zeit wurde diese Politik kontinuierlich fortgesetzt. Dahinter stand eine politische und militärische Strategie.

Die Argumentation und das Kalkül des Derg sind ein anderes: Unter dem Vorwand der Dürre und des Hungers im nördlichen Landesteil, und mit dem Anspruch einer langfristigen Lösung des Hungerproblems werden die Menschen von dort in angeblich fruchtbareres und unberührtes Land umgesiedelt. Er (der Derg) argumentiert: Das Land im Norden sei zu lange besiedelt gewesen und sei nun erschöpft. Folglich sei die Umsetzung der Leute in den Süden die Lösung des Problems.

F: *In welchem Umfang werden diese Programme durchgeführt?*

D: Vor allem in den Jahren 1984/85 waren Hunderttausende betroffen. Allein 1985 waren es 600 000 Menschen. Laut Plan sollten in drei Jahren zweieinhalb Millionen Bauern umgesiedelt werden. Natürlich war dies finanziell nicht durchführbar. Der Unterschied zu früher ist folgender: Die abessinischen Siedler werden heute mit Waffengewalt gezwungen. In der Vergangenheit, zu Zeiten Meneliks und Haile Selassies, wurden ihnen Anreize gegeben: Man versprach ihnen Land im Oromogebiet und Galla (Oromo) als Sklaven.

Das **Dorfansiedlungsprogramm** bedeutet die unmittelbare Entwurzelung aller Bauern. Sie werden aus ihrem traditionellen Umfeld, ihren Höfen und Dörfern, in neue Ortschaften gebracht – oft nicht sehr weit von ihren alten Dörfern entfernt. Dieses Projekt begann in Hararghe im Jahre 1986 im Osten des Landes und dehnt sich mittlerweile fast über den gesamten Süden, d. h. über das gesamte Oromoland, aus. In Hararghe geschah dies als Militäraktion. Der Derg mobilisierte 50 000 Soldaten. Sie mußten die Bauern erschießen, die sich der Neuansiedlung widersetzten, ihre Dörfer niederbrennen und die Bewohner zwingen, neue Dörfer zu bauen. Dabei gab es in Hararghe traditionell großangelegte Siedlungen – mit drei- bis vierhundert Häusern, ähnlich wie deutsche Dörfer. Falls es das Ziel der Regierung war, die Leute in einem Ort zu konzentrieren, so war dieses Programm hier nicht begründet.

Die massive Militäroperative in Hararghe führte zur Flucht von 200 000 Menschen nach Somalia.

Der ganze Prozeß begann aber in Bale (1979/80). Die

gesamte Region wurde in 280 Dorfansiedlungen umgewandelt. Danach wurden die Regionen Shoa, Wollega und Illubabor in Angriff genommen. Einziger Zweck der Operation: die totale Kontrolle der Oromo-Bevölkerung, um keinen aus den Augen zu lassen. Und natürlich die Produktion. Auf diese Weise kontrolliert die Regierung die Menge der Vorräte in den Häusern. Jeder erwirtschaftete Überschuß muß an die Regierung zu vorgeschriebenen Preisen verkauft werden. Die Häuser sind in strengen und engen Reihen angeordnet. Die negativen Auswirkungen auf das ökologische Gleichgewicht, auf die Gesundheit der Menschen, bleiben nicht aus.

F: *Aus welchen Provinzen kommen die Flüchtlinge nach Yabus?*

D: Die Mehrzahl der Flüchtlinge in Yabus stammen aus den Oromo-Provinzen Asosa, Kelem und Gimbi in Wollega; außerdem aus Wollo im Norden. Die Menschen aus Wollo wurden zuerst nach Asosa im Westen umgesiedelt und sind von da nach Yabus geflohen.

F: *Auf welche Weise gelang die Flucht?*

D: Die Flüchtlinge aus den Bezirken Kebe, Jarso, Kake und Dallo in der Wollega-Provinz wurden von der OLF nach Yabus begleitet. Nachdem die Regierung in diesen Bezirken in aller Öffentlichkeit Menschen umbrachte, liefen sie zu ihrem Schutz in das Einflußgebiet der OLF. Als wir nicht mehr in der Lage waren, sie dort zu versorgen, waren wir gezwungen, sie in sicherere Gebiete, nämlich nach Yabus, zu bringen.

F: *Die OLF hat einige der äthiopischen Staatssiedlungen zerstört. Was geschah mit den Bewohnern, was war ihre Reaktion?*

D: Die Menschen in den Staatssiedlungen waren dort nicht glücklich gewesen: viele waren von ihren Familien getrennt, und alle waren sie aus ihrem traditionellen Umfeld herausgerissen. Sie sehnten sich danach, heimzukehren. Sie nutzen diese unsere Aktionen für ihre eigenen Ziele, nämlich: als Vorwand, um in ihre eigenen Dörfer zurückgeschickt zu werden. Als die Regierung versuchte, sie erneut in Staatssiedlungen zusammenzufassen, weigerten sie sich und gingen zurück in ihr Heimatdorf.

F: *Bringt das der OLF Sympathie unter der Bevölkerung?*

D: Die Propaganda des Derg verspricht, die umgesiedelten Bauern würden bald Selbstversorger sein und darüber hinaus Überschüsse produzieren. Wir wollen der Regierung zeigen, daß die Siedler unter unsicheren Bedingungen nicht effektiv wirtschaften können. Die Leute wollen ja unter allen Umständen zurück – keineswegs alle kamen aus Hungergebieten. Sie waren wie Vieh zusammengetrieben. Wir haben viel Verständnis für ihre Not, aber wir sind auch Gegner der Regierung, die all dies verursacht. Wenn wir angreifen, sind wir äußerst vorsichtig, keinen der Umgesiedelten zu verletzen.

F: *Die OLF hielt im November 1987 eine Oromo-Konferenz, bei der 150 Delegierte aus den befreiten Gebieten im Osten und Westen des Landes sowie ca. 350 Gäste, vor allem aus USA, Kanada und Europa, teilnahmen; ferner Beobachter der eritreischen und Tigray-Befreiungsbewegungen.*

D: Die OLF operiert militärisch derzeit in zwei Landesteilen, die weit voneinander entfernt liegen: der Ostteil im Länderdreieck Hararghe, Arsi, Bale und der Westteil in Wollega. Wir haben vom Ostteil keinen direkten Zugang zur Außenwelt, da wir von der Regierung Somalias keine Genehmigung dazu erhalten. Unsere Bewegung ist seit den Anfängen 1976 ständig gewachsen, und wir in der Leitung haben uns bemüht, mit diesem Wachstum organisatorisch Schritt zu halten. Aufgrund der Kommunikationsprobleme zwischen Ost und West und der inneren und äußeren Schwierigkeiten war das nicht einfach. Ein erstes vorbereitendes Treffen für diese Konferenz fand 1983 im befreiten Gebiet Ost statt. Dort wurde der Beschluß zu einem Nationalkongreß gefaßt. Einige Führer mußten neu gewählt werden, denn etliche waren im Kampf gefallen. Im Westen (Wollega) begannen die Vorbereitungen zur Konferenz im Jahre 1986. Ein neuer Verfassungsentwurf für die OLF wurde vorgelegt. Ein Delegiertentreffen von Mitgliedern aus dem Westen und dem Ausland beschloß im Jahre 1986, die Konferenz für die Verabschiedung der neuen Verfassung im November 1987 in Wollega abzuhalten. Alle Vorbereitungen waren angelaufen, die Delegierten aus dem Ausland trafen bereits ein, als die äthiopische Regierung eine große Offensive eröffnete. Es gelang uns, diese zu zerschlagen, und nach erneuter Vorbereitung fand die Konferenz vom 18. bis 22. Februar 1988 in West-Wollega statt. Offizielle Oromo-Vertreter sowohl aus dem Inland (Ost und West) als auch aus dem Mittleren Osten, Somalia, Sudan, Europa, USA, Kanada und Djibouti nahmen an den Beratungen teil. Wichtigster Gegenstand der Verhandlungen waren die Ziele und die Verfassung (Constitution) unserer Organisation.

F: *Die meisten Befreiungsbewegungen sind marxistisch ausgerichtet, aber auch Ihre Gegner, die äthiopische Regierung, nennt sich marxistisch. Wie ist Ihre Position?*

D: Unser Kampf begann nicht unter dem gegenwärtigen Regime. Bereits unter Haile Selassie ist unser Volk für sein Recht auf Selbstbestimmung eingetreten. Unsere grundlegende Forderung nach Selbstbestimmung hat sich nicht verändert: beide, der Derg und der Kaiser, verweigern dieses Recht. Die Situation hat sich nur verschlechtert für unser Volk. Das gegenwärtige Regime ist entschlossen, unsre Identität als Volk zu zerstören. Die

Programme der Umsiedlung und der Verdorfung haben die totale Assimilation der Oromo und Zerstörung ihrer Identität zum Ziel. Tatsächlich müssen wir heute dringender kämpfen denn je: Es geht nicht mehr allein um unser Recht auf Selbstbestimmung, sondern um das bloße Überleben der Oromo als Volk.

F: *Die OLF erhält – zum Unterschied zu den Tigre und Eritreern – wenig oder keine Unterstützung von außen. Wie bewältigt sie die dreifache Aufgabe: Hilfe für Flüchtlinge, militärischer Kampf und gleichzeitig Aufklärungsarbeit über ihr Anliegen?*

D: Wir haben keine andere Wahl als den Widerstand gegen dieses Regime. Und im Unterschied zu anderen Völkern in Äthiopien tragen wir die Hauptlast der Regierungspolitik – denn wir sind das größte Volk, etwa 60 % aller Bewohner. Wir tragen die Hauptlast, weil wir die meisten Menschen sind und am meisten produzieren. Nur weil das Regime uns ausbeuten kann, kann es gegen uns und gegen die Tigre und Eritreer kämpfen. So tragen wir auch die größte Last bei der Befreiung. Ohne Freiheit für die Oromo werden sich auch die anderen Völker nicht befreien können, noch werden Frieden und Stabilität in diesen Teil Afrikas einkehren. Das Regime würde fortfahren, unsere Ressourcen auszubeuten und sich für Krieg und Zerstörung einzusetzen – mit der Folge, daß das Volk hungert. Deshalb wird der Oromokampf auch für andere von Bedeutung sein, auch für die Befreiung der Amharen, von Hunger und Militärdiktatur.

Wir sind überzeugt, daß unser Volk mit einem Minimum an Unterstützung diesen Kampf durchführen kann – wir haben ja auch die Last der Ausbeutung und der Kolonisation getragen. Der Aufwand wird nicht größer sein. Mit geringer Unterstützung wird es uns gelingen, einen dauerhaften Wandel in der Region herbeizuführen. Nur das Volk der Oromo – kein anderes – ist in der Lage, allein dieses Regime zu stürzen, denn wir sind zahlenmäßig und wirtschaftlich das größte Potential.

U. L., April 1988

Teil III
Geschichte

Die Hoffnung der Oromo im Bambuswald

Wer in Äthiopien helfen will,
muß mit den Befreiungsorganisationen
zusammenarbeiten

Im trockenen Bambuswald raschelt der Wind, und aus den Bergen dringt noch das Geschrei der Hyänen oder das Gebrüll der Löwen, als im frühen Morgengrauen die Stille des Lagers durch rege Aktivität durchbrochen wird. Zweige knacken, ein Feuer wird entfacht und vom ausgetrockneten Flußbett wird aus in den Sand gegrabenen Löchern Wasser herbeigeschleppt. Gegen sechs Uhr dreißig, die Sonne hat eben den Bambuswald in mattes Gold getaucht, ertönt ein Geräusch wie von einem Rasenmäher – der Generator des Funkgerätes, das die Abgeschiedenheit des Hauptquartiers für wenige Minuten des Tages mit der Außenwelt in Verbindung bringt. Signal zum Frühstück!

Wir, zwei Mitarbeiter des Berliner Missionswerkes, gehen zur Rundhütte, in der uns und der Gruppe der Oromo-Führer von jungen Männern und Frauen, Kinder fast, Tee und Kaffee gereicht wird. Hier, im Bambuswald, liegt die Zentrale der Oromo-Befreiungsbewegung (OLF) in der westäthiopischen Provinz Begi. Die kargen Mahlzeiten sind Gelegenheit für Gespräche über das Schicksal des mit rund 20 Millionen Menschen größten Volkes im äthiopischen Vielvölkerstaat, der Oromo.

»Seit Menschengedenken leben die Oromo am Horn von Afrika«, erzählen uns die Gastgeber. »Die Oromo hatten eine hochentwickelte politische Kultur – das Gadasystem –, und ihr Land war reich an Pflanzen und Tieren. In verschiedenen Klimazonen gediehen eine Vielzahl an Feldfrüchten und Getreidearten, und unzählige Rinderherden fanden ausreichend Weideland. Kein Oromo brauchte je zu hungern. Vor rund hundert Jahren jedoch wurden die Oromo von den abessinischen Völkern des Nordens, vor allem den Amharen, unterworfen. In vierzig Jahren blutiger Kriege reduzierten die Eroberer mit europäischer Waffenhilfe das Zehn-Millionen-Volk der Oromo auf die Hälfte. Die Übriggebliebenen wurden den kaiserlichen Heerführern und Soldaten sowie der koptischen Kirche mit ihrem Land zu Lehen gegeben. Der Gebrauch der Oromo-Sprache wurde in allen öffentlichen Institutionen – Schulen, Gerichten, Verwaltungen – verboten. Die landwirtschaftlich reichen Oromo-Provinzen bildeten das wirtschaftliche Rückgrat der neuen Staatsmacht, die sich nun ›Äthiopien‹ nannte. An der Stelle der alten Oromo-Siedlung Finfine wurde die Hauptstadt des neuen Reiches, Addis Abeba – ›Neue Blume‹ –, errichtet. Die Oromo wurden als rassisch minderwertig diskriminiert. Die Ausbeutung der oft wie Sklaven gehaltenen ›Galla‹ – so die Bezeichnung der Herrschenden für die Oromo – ermöglichte die Entwicklung einer amharischen Oberschicht, die an Macht und Reichtum bald die Altadligen des abessinischen Kernlandes im Norden (vor allem der Tigre) weit übertraf.«

Der Sturz des Kaisers Haile Selassie I. und die Machtergreifung durch die Offiziere in der Revolution von 1974 weckte zunächst große Hoffnungen unter den unterdrückten Völkern Äthiopiens. Die Bauern, vor allem des Oromo-Volkes, erhofften sich von der Landreform von 1975 Selbstbestimmung über Grund und Boden und Freiheit in der Entwicklung einer eigenen Demokratie, Kultur und Sprache. Aber es kam anders: Unter dem Schlagwort der »sozialistischen Umgestaltung Äthiopiens« begannen die neuen – kommunistischen – Machthaber, Stück für Stück den Bauern wieder zu nehmen, was ihnen die Landreform gegeben hatte und was dem Regime zu Beginn die Begeisterung und Unterstützung der Bauern sicherte. Mit erhöhten Zwangsabgaben, Monopolisierung des Ankaufs der Ernteerträge und den rücksichtslosen Zwangsumsiedlungen und -verdorfungen der achtziger Jahre nahm der äthiopische Staat faktisch die Stelle der enteigneten Großgrundbesitzer ein.

Seit 1985 propagiert die Militärregierung die vollständige Kollektivierung der Landwirtschaft als »großen Sprung« in die Moderne. Bis 1995 soll die gesamte ländliche Bevölkerung Äthiopiens, an die 38 Millionen Menschen, umgesiedelt oder »verdorft« werden. Sechs Millionen Oromo-Bauern sind bereits aus ihren gewachsenen Dörfern vertrieben und in die neuen Staatssiedlungen gepfercht worden. Dort sollen ihnen die Errungenschaften moderner Zivilisation wie Schulen, Krankenhäusern, Wasserversorgung und Elektrizität zuteil werden. »Bringen solche Pläne nicht menschliche Erleichterung?« fragen wir. Die Oromo lächeln nur: »Die Regierung hat seit Jahren immer wieder mit Hungersnöten zu kämpfen und ist deshalb gar nicht in der Lage, diese Versprechungen einzuhalten. Ließen sich unsere Probleme mit Mitleid und weltweiter Hilfsbereitschaft lösen, so müßte Äthiopien allein aus den Spenden, die 1984/85 in das Land gepumpt wurden, auf Jahre hinaus geholfen sein. Damals wurde mehr Geld gesammelt als in jeder anderen humanitären Aktion dieses Jahrhunderts. Aber es war nie die Absicht der äthiopischen Regierung, mit dieser Hilfe langfristige Lösungen für die Ursachen der Hungersnot zu finden. Die

Hilfsorganisationen, die mit Kapital, Getreide und Fahrzeugen herbeieilten, verwechselten nur die politischen Bedürfnisse der Regierung mit den humanitären Bedürfnissen der Opfer. So hat die massive humanitäre Hilfe eine entscheidende Rolle bei der Verwirklichung der politischen Ziele des Regimes gespielt, die gegen die Bedürfnisse der Völker, etwa der Oromo, gerichtet sind.«

Diese Ziele sind, so unsere Oromo-Gastgeber, »die totale Kontrolle über die Bevölkerung und maximale Gewinne aus der Produktion«. In den Umsiedlungsfarmen haben die Bauern den Status moderner Arbeitssklaven. Ihre Arbeit wird mit minimalen Nahrungsmittelzuteilungen »entlöhnt«; die Erzeugnisse werden ausschließlich vom Staat vermarktet, und die Lagerinsassen dürfen die Lager nicht verlassen. Kaum besser geht es den Opfern der Dorfansiedlungsprogramme, die die Bauern der Umgebung in Neudörfern zusammenfassen. Zwar dürfen diese Bauern ihre eigenen Felder bewirtschaften, müssen aber alle Erträge, die über den Eigenbedarf hinausgehen, zu Niedrigstpreisen an die staatlichen Marktorganisationen verkaufen. Da diese Dörfer an militärisch-strategischen Orten angesiedelt sind, liegen sie oft weit entfernt von den Wasserquellen, den Feldern und Weidegebieten. Die Verringerung des Viehbestandes und der Ernten sind die Folge und führen zum Ruin der Landwirtschaft und zu Hunger. – »Die Militärs haben das Kommunistische Manifest gründlich gelesen«, sagen die Oromo. »Aus den Ruinen der alten soll die neue Gesellschaft entstehen. Darum stellen sie die Ruinen selber her...«

Die zwölf- bis siebzehnjährigen Kinder, die uns im Bambuswald begegnen, sind ein lebendiges Zeugnis für diese verfehlte Politik der äthiopischen Regierung. Sie wurden von ihren Eltern zur Oromo-Bewegung (OLF) geschickt, weil sie sonst entweder Zwangsarbeit auf den Staatsfarmen leisten müßten, oder, unzulänglich ausgebildet, in den Krieg gegen Eritrea, Tigray oder Somalia geschickt würden, um dort mit Sicherheit zu sterben. Die äthiopische Regierung sorgt auf diese Weise selbst für den Zulauf zur Befreiungsbewegung. So gelang es der Oromo-Befreiungsfront OLF, in wenigen Jahren ihre Kräfte auf rund 15 000 Kämpfer zu steigern.

Allerdings ist die Strategie der Oromo anders als die der Eritreer und der Tigre, und deshalb sind sie bislang im Ausland kaum bekannt. Es geht ihnen nicht um spektakuläre militärische Erfolge, sondern um kontinuierliche Basisarbeit unter den Bauern, um die Bewahrung ihrer Kultur und ihrer natürlichen Lebensweise. Dennoch hat auch die OLF sichtbare Erfolge vorzuweisen: So können die Umsiedlungslager bei Asosa, einst Muster- und Vorzeigelager der äthiopischen Regierung, heute von keinem Mitarbeiter westlicher Regierungen oder Hilfswerke mehr besucht werden, weil sie im Einflußgebiet der OLF liegen. Einige der Lager wurden zerstört, und die Umsiedler haben das gern zum Anlaß genommen, bei der Behörde die Rückkehr in ihre Heimat zu fordern.

Ähnlich verhält es sich in dem Gebiet um die äthiopische Garnisonsstadt Jarsso im Wollega-Gebiet. Hier hat die OLF am 28. April 1988 neben äthiopischen Regierungsbeamten zwei irische Krankenschwestern der katholischen Hilfsorganisation CONCERN gefangengenommen, die im Auftrag der äthiopischen Regierung Zwangsarbeitslager für die Oromo-Bauern organisieren halfen. In einer Erklärung vom 4. Mai 1988 an alle Hilfsorganisationen, die im Oromo-Gebiet am Aufbau der Lager arbeiten, heißt es dazu:

»Die Hilfsorganisationen, die das Siedlungsprogramm unterstützen und in den Lagern arbeiten, müssen wissen, daß sie eine Politik unterstützen, die negative Auswirkungen hat sowohl auf die Bevölkerung als auch auf die Umwelt. Es ist eine Politik, die weder die Rechte der Oromo respektiert, auf deren Land die Umgesiedelten gebracht werden, wobei die ansässigen Oromo vertrieben und ihnen ihr Land, ihre Weiden und ihr Wald gewaltsam weggenommen werden, noch die Rechte der Umgesiedelten, die gewaltsam aus ihrer Heimat fortgebracht wurden. Die Umsiedlungen sind Teil einer politischen und militärischen Strategie des Regimes ... Wir bitten alle Hilfsorganisationen, folgendes zur Kenntnis zu nehmen: Es ist ratsam für sie, dieses Gebiet, das ein Gebiet militärischen Konfliktes ist, zu verlassen und mit aller Unterstützung der Siedlungsprogramme der Regierung aufzuhören. Sollten sie jedoch bleiben, so ist zu empfehlen, daß diese Organisationen sich mit der OLF in Verbindung setzen und uns über das Gebiet und den Charakter ihrer Aktivitäten informieren.«

Mit dieser Erklärung an die mit der Regierung in Addis Abeba zusammenarbeitenden Hilfsorganisationen (und das sind fast alle) sagt die OLF, was die Eritreer und Tigre seit Jahren fordern: Wer der Bevölkerung helfen will, muß mit deren Befreiungsorganisationen zusammenarbeiten. Eine Zusammenarbeit mit der Regierung birgt die Gefahr, daß die Hilfe für deren soziale und militärische Kriegsführung gegen die Völker mißbraucht wird. Die OLF hatte die katholisch-irische Hilfsorganisation CONCERN wiederholt ausdrücklich davor gewarnt, bei der Errichtung und dem Betrieb der äthiopischen Lager im Oromoland mitzuwirken. CONCERN hat diese Warnung nicht nur überhört, sondern die Dorfzerstörungsprogramme und die Errichtung von Neudörfern ausdrücklich propagiert. CONCERN hat sich nicht vorstellen können, welche Verwundungen diese Lager den Menschen und der Kultur des Oromovolkes zufügen. Ein amharisches Sprichwort sagt: Ye wagaa be rasa – yeta wagaa eyerasa; das heißt: »Selbst wenn derjenige, der die Wunde zufügt, vergessen sollte – der Verwundete wird niemals vergessen.« Erst jetzt, da zwei ihrer Mitarbeiter im Bambuswald in die Hände der OLF gefallen sind, sind leitende Mitarbeiter von CONCERN nach Khartoum gefahren, um mit der OLF Gespräche zu führen. Es ist durchaus denkbar, daß dies der Anfang einer Umorientierung ist, die auch andere Hilfswerke werden vollziehen müssen.

U. L., April/Mai 1988

Auch das Volk der Oromo hat ein Recht auf Leben

150 Jahre Geschichte
des kirchlichen Entwicklungsdienstes
am Horn von Afrika

Bis drei muß man zählen, hat Eugen Rosenstock-Huessy gesagt, sonst bekommt man das Leben in seiner Fülle und Vitalität nicht in den Blick: Kirche, Staat, Gesellschaft. Jede der drei Größen hat ihr eigenes Gewicht. Keine kann eingeschränkt oder außer acht gelassen werden, ohne daß die Würde oder sogar die Existenz des Menschen Schaden leidet. In Äthiopien und vielen anderen Ländern Afrikas lautet die Zählung noch: Kirche, Staat, Volk. Die »Gesellschaft« ist hier weitgehend bestimmt durch Kultur, Sprache und Geschichte der einzelnen Völker. Bleibt der Blick nur auf Staat und Kirche gerichtet, werden große Bereiche des Lebens ausgeblendet und negiert. Diese Negation oder fehlende Wahrnehmung eines integralen Aspektes der Wirklichkeit birgt die unmittelbare Gefahr seiner tatsächlichen Annihilierung. Die tragische Folge in der Realität ist dann leicht der kulturelle Völkermord, d. h. die Annihilation von Kultur, der Ethnozid – der von denen nicht wahrgenommen und darum geduldet wird, in deren Bewußtsein das Volk als Wert oder Kategorie nicht existiert. Weil das Volk keinen Wert hat, ist seine Auslöschung kein Ereignis. Der Schritt vom Ethnozid zum Genozid, der physischen Vernichtung, ist nicht weit.

Fast alle kirchlichen und säkularen Hilfswerke – von den staatlichen zu schweigen –, die heute in Äthiopien tätig sind, vermeiden panisch den Begriff Volk. Man wendet sich der Kirche zu, herzlich und mit verbissener Emphase, und meint dabei völlig unpolitisch zu sein; gleichzeitig aber akzeptiert man die Rahmenbedingungen des Staates, es geht ja nicht anders. Man verschließt die Augen vor der Wirklichkeit Volk. Man will nicht bis drei zählen. Und doch wird das Leben jedes einzelnen, noch ehe Staat und Kirche ihren Einfluß auf ihn ausüben, von der Kultur und Sprache und Geschichte seines Volkes geprägt. Wird das negiert, wird eine Lebensquelle verschlossen, und man wird schnell zum Mittäter, wenn Kräfte abgetötet und Menschen ermordet werden.

Ein kurzer Überblick über einige Aspekte von knapp 150 Jahren Missionsgeschichte in Abessinien (Amhara, Tigre, z. T. Eritrea) und im Oromoland, in deren Tradition wir stehen, soll helfen, uns von der Angst vor den Völkern zu befreien und die Praxis der kirchlichen Entwicklungshilfe und Missionsarbeit kritisch zu überdenken.

Als die Insel Malta nach den Wirren der napoleonischen Kriege britischer Besitz wurde (1815), richtete die 1799 in London gegründete Church Missionary Society (CMS) dort eine Niederlassung ein – sozusagen eine Zwischenstation für ihre Missionare, die von hier aus in jene orthodoxen Kirchen des Orients ausgesandt wurden, die im ottomanischen Imperium unter islamischer Oberhoheit ihr Leben fristeten. Ziel dieser Missionsarbeit war nicht Bekehrung oder Taufe orthodoxer Christen, sondern biblische Unterweisung, von der man sich ein neues Leben für die von der christlichen Außenwelt weitgehend abgeschlossenen und darum – wie man annahm – erstarrten Kirchen erhoffte. Aus lediglich auf die Priesterliturgie hörenden sollten die Bibel lesende Christen werden.

Missionare der CMS wußten aus Berichten früherer Reisender und Missionare, besonders von den Jesuiten, die im 16. und 17. Jahrhundert in Abessinien gewesen waren, nicht nur, daß hinter dem ottomanischen Imperium, weit südlich von Ägypten in den hohen Bergen Äthiopiens, die hochberühmte alte orthodoxe abessinische Kirche war, sondern auch, daß wiederum dahinter das große und starke und sehr weit ausgedehnte »heidnische« Volk der Oromo lebte. Gobat (1799–1879), Krapf (1810–1881), Isenberg (1806–1864). C. H. Blumhardt (geb. 1808) und Flad (1831–1915) waren nur die bekanntesten deutschen und schweizerischen Missionare, die im Auftrag der CMS oder der Pilgermission St. Chrischona bei Basel nach Abessinien reisten und deren eigentlicher Wunsch es war – am deutlichsten ist das bei Krapf und Gobat –, das Evangelium zum Volk der Oromo zu bringen; alle sind sie von den Herrschern in Tigray und Shoa, wenn sie denn nach ungeheuren Strapazen dorthin gelangten, bitter enttäuscht worden. Die abessinischen Fürsten, auch König Sahle Selassie (1813–1847) und Kaiser Theodoros (1855–1868) lockten zwar mit der Möglichkeit missionarischer Arbeit sowohl im abessinischen Stammland als auch im bereits zinspflichtig gemachten Teil des Oromolandes – in Wirklichkeit aber waren sie nur an »Entwicklungshilfe« interessiert. Sie suchten europäisches Wissen und politische und militärische Unterstützung zur Festigung ihrer Macht, nicht zuletzt ihrer Herrschaft über die Oromo, die sie gerade in größtem Stil zu unterwerfen begannen. Die Wunschliste – heute würden wir sagen Projektliste – dieser Herrscher reichte von Siegelgraveuren über Büchsenmacher und Pulverfabrikanten, Mineralogen, Tischler und Straßenbauer bis zu Architekten und politischen Beratern. Missionare durften oder mußten die Herrscher gelegentlich bei ihren Eroberungszügen ins Oromoland begleiten, so Krapf im Januar/Februar

1840 in Shoa; selbständige Verkündigungsarbeit unter dem Volk der Oromo – Krapf sprach von sieben bis acht Millionen – aber war ihnen zu ihrem Leidwesen strikt untersagt.

Kaiser Theodoros einerseits zwang eine Gruppe von Handwerkermissionaren von St. Chrischona bei Basel, ihn bei seinen verzweiflungsvollen letzten militärischen Unternehmungen zu begleiten und Kanonen für seine Armee zu gießen! Eine Bitte des Kaisers Theodoros, Straßenbauer und Waffenschmiede nach Abessinien zu schicken, hatte auch das 1824 gegründete Berliner Missionswerk erreicht (1856, damals Berliner Missionsgesellschaft), wurde aber vom Comité (heute Missionsrat) nach Beratungen mit Gobat abschlägig beschieden.

Um die Mitte des vorigen Jahrhunderts endeten diese missionarischen Vorstöße der CMS, ohne ihr Ziel, unter den Oromo zu missionieren, erreicht zu haben, wenn auch Krapf einzelne Oromo unterrichten konnte, die Oromosprache erforschte und, sehr zum Ärger der Abessinier, Oromotexte in lateinischer Schrift aufzuzeichnen begann. Die Missionare mußten das Land verlassen. Krapf arbeitete danach in Ostafrika, und Gobat wurde 1846 Bischof in Jerusalem. Beide waren an den abessinischen Herrschern gescheitert.

Der Funke jedoch glomm weiter. Krapf hatte begeisternde Berichte über seine Bemühungen geschrieben und von der Dringlichkeit der Mission unter den Oromo gesprochen. Er hatte seine Erfahrungen so zusammengefaßt: Erst wenn die Oromo das Licht des Evangeliums und der Erkenntnis aufgenommen haben, wird es von diesen auch zu den Abessiniern übergehen, die bislang nur dem Namen nach Christen seien![1]

---

1 Johann Ludwig Krapf, Imperfect Outline of the Elements of the Galla Language (London 1840), 2. Zitiert nach Donald Crummey, Priests and Politicians, Protestant and Catholic Mission in Orthodox Ethiopia

Die 1849 begründete Hermannsburger Mission ließ sich durch die Berichte von Krapf inspirieren und strebte nun ihrerseits zu den Oromo – »Gallamission« war das Wort (Galla wurden die Oromo von den Amharen genannt), das viele begeisterte. In Niedersachsen wurden daraufhin genug Spenden aufgebracht, die Kandaze (1853) zu bauen, jenes Schiff, das Hermannsburger Missionare an die Küste Ostafrikas brachte (1854), von wo sie ins Innere des Oromolandes vordringen sollten. Doch auch hier war der Zugang zu den Oromo versperrt: Bei der Insel Zanzibar mußte die Kandaze umkehren – und die Missionare gingen in Südafrika an Land. Die Schwedische Evangelische Mission, 1863 ins Leben gerufen, versuchte von der eritreischen Küste her das Oromoland zu erreichen (1866), aber die abessinischen Fürsten waren nicht willens, sie durch ihr Territorium reisen zu lassen. Mit Oromosklaven jedoch, die sie an der Küste freikauften, begannen die Schweden zu arbeiten. Die Bibel wurde in die Oromosprache übersetzt und auch gedruckt (1899), allerdings in abessinischer (sabäisch, Ge'ez) Schrift: Die abessinische Mentalität und Politik hatten sich gegen die von Krapf erkannten und erprobten linguistischen Gesetze durchgesetzt.

Um die Jahrhundertwende – es war die Zeit der Kriege, die Menelik II. gegen die zwar zahlenmäßig weit überlegenen, in der Waffentechnik aber dank der Hilfe, die Menelik II. aus Europa (Italien, Frankreich, Rußland etc.) erhielt, unterlegenen Oromo führte – in dieser Zeit gelang es einigen Eritreern und Oromo, die in der schwedischen Basis bei Asmara zu Evangelisten ausgebildet und ausgesandt wurden, im Oromoland, in der Gegend von Bodji und Nekemt, heute Hauptstadt

1830–1868, Oxford 1972. Sehr ausführlich äußert sich zu unserem Thema Gustav Arén, Evangelical Pioneers in Ethiopia, Origins of The Evangelical Church Mekane Yesus, Uppsala 1978.

der Provinz Wollega, mit missionarischer Arbeit zu beginnen, teils innerhalb der orthodoxen Kirche, die sich jüngst mit Meneliks Truppen hier etabliert hatte, teils außerhalb. Der Grund einer von den abessinischen Herrschern und ihrer Politik weitgehend unabhängigen Mission unter den Oromo war gelegt.

In den zwanziger Jahren dieses Jahrhunderts kamen dann schwedische und deutsche lutherische Missionare selbst nach Addis Abeba, in die junge Hauptstadt des nun dank der riesigen Eroberungen im Oromolande gewaltig gewachsenen Reiches. Das Ziel der Missionare war die Missionierung der Oromo, und die abessinischen Herrscher in Addis Abeba – Regent war nun der spätere Kaiser Haile Selassie I. – erteilten diesmal endlich die nötigen Genehmigungen. Sie taten das in der Hoffnung, die Missionare würden durch die Einführung des amharischen Schulsystems im Oromoland, das den Missionen zur Pflicht gemacht wurde, aus den noch kaum ins Reich integrierten Oromo gute Untertanen machen. Die Missionare arbeiteten unter der abessinischen Besatzungsmacht im Oromoland. Die Bevölkerung sprach Oromo, die Missionare mußten, wie die Soldaten, Richter und Behörden amharisch sprechen. Es gab Ausnahmen. Generell kann gesagt werden: Deutsche Missionare bevorzugten Oromo, schwedische amharisch.

Nach dem Zweiten Weltkrieg und somit auch nach der Zeit der faschistischen italienischen Besatzung Äthiopiens waren es Hunderte evangelischer und auch katholischer Missionare, die nun von Haile Selassie und seinen abessinischen Behörden ins Oromoland geschickt wurden, um am großen Werk der Integration und Assimilation und Modernisierung mitzuwirken und so einen Beitrag zur Festigung der abessinischen Herrschaft über die eroberten Völker zu leisten. Wer war dazu, so mag Haile Selassie gedacht haben, geeigneter als die christlichen Lehrer, die Sanftmut und Vergebung predigen sowie den Gehorsam gegenüber der Obrigkeit und zudem noch zu diakonischer und Entwicklungsarbeit motivierten?! Und da es eine christliche Obrigkeit war, nahmen die Missionare kaum wahr, wie sie als Werkzeuge der abessinischen Kolonial- oder Besatzungsmacht mißbraucht werden sollten.

Doch entgegen der Intention der Abessinier und gelegentlich sehr zum Staunen mancher Missionare entstand im Oromoland eine eigenständige, evangelische, nichtabessinische Kirche, in der man Christ werden und Oromo bleiben konnte – das hatte es noch nie gegeben, das war vielleicht das Wunder, auf das Krapf und Gobat gehofft und gewartet hatten. In der orthodoxen Kirche muß jeder zum Abessinier werden, die eigene Sprache, den Namen, die Kultur aufgeben. In der evangelischen Kirche darf in jeder Sprache – nicht nur die Oromo, sondern viele Völker fanden hier ebenfalls eine Heimat – gesungen, gepredigt, gelernt, gebetet werden; dieser Prozeß, der auch ein Prozeß der Befreiung ist, wurde zu Kaisers Zeiten von den abessinischen Behörden allerdings mit großem Argwohn verfolgt. Aber die Mekane Yesus Kirche, 1959 gegründet, wuchs rasch und hat heute ca. 700 000 Mitglieder.

Als 1974 Haile Selassie von den Militärs abgesetzt wurde, jubelten die Oromo und die anderen von den Abessiniern unterworfenen Völker der Revolution zu. Freiheit von den amharischen Eroberern, Rückgabe des ihnen genommenen Landes, Ende der als ungeheuer hoch empfundenen Besteuerung – das waren die Erwartungen. Es kam anders: Der Landbesitz wurde verstaatlicht, und die kommunistische Arbeiterpartei entwickelte den Plan, alle Oromo aus ihren Dörfern zu vertreiben und in von den abessinischen Behörden kontrollierten Staatssiedlungen zusammenzufassen. Die abessinische Besatzungsmacht versucht so, sich endgültig im Oromoland zu etablieren.

Für dieses gigantische Unternehmen brauchen die Abessinier ausländische Hilfe in großem Maßstab: Militärhilfe aus dem Osten, Nahrungsmittel aus dem Westen und Unterstützung durch humanitäre Organisationen, einschließlich der Missionen, die wie nur je zu Fürsten- und Kaisers-Zeiten für die Ziele der abessinischen Behörden arbeiten müssen, wollen sie denn im Lande bleiben. Wie Theodoros und Sahle Selassie von den Europäern eher Entwicklungshilfe als christliche Verkündigung erwarteten, ist das auch heute bei der gegenwärtigen Regierung erst recht der Fall: Finnische Missionen durften ein teures Krankenhaus in Hosaina/Kambatta bauen – Mengistu Haile Maryam weihte es ein und gab ihm seinen eigenen Namen (1984). Deutsche Missionen und der Kirchliche Entwicklungsdienst dürfen jetzt ein Krankenhaus in Aira/Oromoland bauen – Negussie Fanta, jener Gouverneur, der für die Verfolgung der Mekane Yesus Kirche in seiner Provinz verantwortlich ist, legte 1987 den Grundstein. Der Lutherische Weltbund leistete 1979/80 Pionierdienste bei der Durchführung des Planes der Abessinier, die Oromo in Bale und Arssi in überwachten Staatssiedlungen zu konzentrieren. Die Mekane Yesus Kirche, mit der Missionare und humanitäre Organisationen zusammenarbeiten, muß es dulden, daß in ihren Entscheidungsgremien Mitglieder der abessinischen Obrigkeit anwesend sind und die Kirchen- und Entwicklungspolitik mitbestimmen. Die Oromosprache wird im Oromoland (heute 20 Mio. Einwohner) in keiner Schule gelehrt. Eine starke Besatzungsmacht versucht, jede nationale Regung brutal niederzuschlagen. Wer sich gegen den Trend ausspricht, wird des Landes verwiesen und mit dem Tode bedroht. So erging es dem Berliner Missionswerk, das 1982 fast durch Bomben in die Luft gesprengt wurde und dessen 1973 geschlossener Kooperationsvertrag mit der Mekane Yesus Kirche 1982 wieder gelöst werden mußte, weil das Berliner Missionswerk die Oromofrage, wie sie bereits von Krapf und Gobat gesehen wurde, aufgriff. Die humanitären Organisationen, die heute in nie dagewesener Stärke in Äthiopien arbeiten, kennen die hier skizzierte Geschichte nicht oder nicht mehr. Sie kennen nur den äthiopischen Staat oder die Kirchen, die sich mit dem äthiopischen Staat arrangieren müssen. Das liegt wie eine Barriere vor dem Oromovolk. Aber der Freiheitswille der Oromo, die Forderung nach Selbstbestimmung oder schlicht sein Überlebenswille ist ein einziger unüberhörbarer Hilferuf.

Es widerspräche aller Erfahrung und den biblischen Prinzipien christlicher Mission, würden wir bei unserem Einsatz am Horn von Afrika das Volk der Oromo ignorieren und nur den Staat oder die Kirche als Partner sehen, von denen keiner für das Überleben dieses Volkes eintritt; der Staat will es auslöschen, und die Kirche muß, um selbst zu überleben, den Ethnozid in Kauf nehmen – nicht nur den der Oromo, sondern auch anderer Völker wie der Anuak.

In einem Interview, das im August 1987 in China mit Bischof Ding Guangxun geführt wurde, dem Vorsitzenden des Chinesischen Christenrates und Direktor des Theologischen Seminars in Nanjing, heißt es[1]:

»*Frage:* Die chinesischen Christen folgen der Maxime ›Liebe die Lehre, liebe das Land‹. Sollten Christen eher national oder international denken?

Antwort: Nun, Sie wissen, daß es zwei Arten von Nationalismus gibt: Zum einen gibt es den Nationalismus unterdrückter Völker. Solch einen Nationalismus unterstützen wir. Er steht nicht im Widerspruch zum Internationalismus, er verlangt geradezu nach der Unterstützung durch andere Völker. Aber es gibt noch eine

---

[1] Das Interview führte Claudia Währisch-Oblau, veröffentlicht wurde es in »Unterwegs«, Postfach 100 323, 5600 Wuppertal 1.

andere Art von Nationalismus, wenn das Interesse einer Nation auf Kosten anderer Völker durchgesetzt wird. Wir nennen das Imperialismus oder Hegemonismus. Da heißt es dann ›My Country, right or wrong‹. Das ist Chauvinismus und jedem Internationalismus diametral entgegengesetzt.

Frage: Wie sehen Sie das theologisch?

Antwort: Ich bin sehr froh, daß die Inkarnation in bezug auf eine ganz bestimmte Nation passiert ist. Daraus können wir sehen, daß die Bibel und das christliche Evangelium die Zugehörigkeit zu einer bestimmten Nation nicht negieren.«

Diese Sätze haben auch Gültigkeit für das Horn von Afrika.

G. H., Dezember 1988

Zerstört und verbrannt ist Yabus

Das erste Mal besuchte ich die Flüchtlingssiedlung Yabus im Grenzgebiet des Sudan im Jahre 1982. Eine weite, fast leere Fläche am Fluß Yabus. Ein großer Baum, unter dem wir schliefen. Verstreute Hütten, die die Flüchtlinge aus Bambusstäben und Gras errichtet hatten. Vielleicht 250 Bewohner. Eine Behelfsklinik. Die Flüchtlinge hatten sich in ein oder zwei Tagesmärschen aus Äthiopien nach Yabus gerettet. Sie sprachen Oromo und erzählten fast unglaubliche Leidensgeschichten über die brutale Zwangsherrschaft und Mißwirtschaft der seit 1977 sich kommunistisch nennenden Diktatur in Addis Abeba. Hunger, Folter, doppelte und dreifache Besteuerung, totale Überwachung jeder einzelnen Person, »Ablieferung« aller Jugendlichen an die Kriegsfront in Eritrea, Tigray und Somalia oder zur Schulung nach Kuba – das waren so einige der Geschichten. Das Schlimmste aber: die so geschwächten und verzweifelten Oromo mußten einigen hunderttausend Amharen vom kleinen, herrschenden Staatsvolk Äthiopiens, die ihrerseits umgesiedelt wurden, Platz machen, Hütten bauen, Land zur Verfügung stellen, Hausgeräte abliefern. Es blieb wirklich nur die Flucht über die Grenze in den Sudan für die oder den, die noch Kraft dazu hatten.

Völlig perplex nahm ich dieses gigantische Elend zur Kenntnis, das keinen Menschen in Europa zu interessieren schien. Die Kollegen in den Hilfswerken redeten von Entwicklungsprogrammen in Äthiopien, und nicht wenige sagten: in dem schönen vielversprechenden sozialistischen Äthiopien wollen wir den wahren Sozialismus aufbauen helfen! Für diese Entwicklungsprojekte, die alle mit den staatlichen Organen abgesprochen werden und ihrem Interesse dienen müssen, gab es in Europa Entwicklungsgelder in Fülle. Aber es gab so gut wie nichts für die Opfer dieses Systems, z. B. in Yabus. Als ich 1982 von dieser ersten Reise nach Yabus, zusammen mit *Norbert Ahrens*, jetzt beim SFB-Kirchenfunk, nach Berlin zurückkehrte, schrieben wir Zeitungsartikel, versuchte ich im Rundfunk und durch Bücher auf das Elend, das ich gesehen und gehört hatte, aufmerksam zu machen. Mit wenig Erfolg. Die Leser der Zeitschrift MISSION des Berliner Missionswerkes waren die einzigen, die verstanden und halfen: ca. eine halbe Million DM spendeten sie im Jahre 1982 für die Versorgung der Flüchtlinge, für den Aufbau von Yabus. Ganz herzlichen Dank noch einmal!

1982 reiste *Propst Hollm* in den Sudan, da er sich, nach dem mißglückten Bombenattentat der äthiopischen Regierung auf das Berliner Missionswerk, im Sudan über die Oromo informieren wollte, die den Mengistu so sehr aufregen, daß er die Freunde der Oromo meinte töten zu sollen. Propst Hollm war sehr beeindruckt von der Arbeit der Oromo. 1983 war der Journalist und Mitarbeiter des evangelischen Rundfunkdienstes Berlin, *Manfred Voegele*, in Yabus und hat im Rundfunk und in einer großen Zeitungsbeilage realistisch-enthusiastisch über die Hilfsprogramme der Oromo berichtet. Der Schweizer Journalist Peter *Niggli* schließlich hat, nach ausführlichen Reisen und systematischen Interviews, in Damazin und Yabus und auch im Oromoland, den Leidensweg der Oromo sorgfältig in zwei epd-Dokumentationen aufgezeichnet (1985/86).

Dann war ich 1987 zum zweiten Mal in Yabus, das nun bereits 5000 Einwohner zählte. Sehr viele Waisenkinder waren darunter. Von einer ganz neuen Dimension des Elends sprachen die Menschen: die Oromo in Äthiopien – es ist das Mehrheitsvolk im Vielvölkerstaat – werden im Rahmen der »Verdorfungspolitik« gezwungen, ihre Häuser und Höfe, in Generationen »gewachsen« und gepflegt, zu zerstören. Jede Bauernfamilie muß ihr Gehöft abreißen und aus den Trümmern an anderer Stelle ganz enge Lager oder Siedlungen errichten, wo sie nun, zusammengepfercht wie Vieh oder Lagerinsassen, von der allgegenwärtigen Partei kontrolliert und gegängelt werden. Bis heute (1989) sind 15 Millionen Menschen zu dieser grausamen und wirtschaftlich unsinnigen Maßnahme gezwungen worden. Viele entsetzliche Einzelschicksale sind mir damals in Yabus erzählt worden: Folterungen und Erschießungen von Bauern, die sich weigerten, ihr schönes Gehöft zu zerstören. Bei dieser Reise begleitete mich der Journalist *Hans-Joachim Schilde* aus Oslo. Er hat in Yabus gefilmt. Der Film wurde am 27. November 1987 im ersten Programm des Fernsehens gezeigt. So haben einige Millionen Yabus miterleben können. – Die Reise im Jahre 1987 war langwierig wegen des Regens, der die Straßen in Sümpfe verwandelte, und gefährlich, weil die SPLA, die südsudanesische Volksbefreiungsfront, die Wege, die von den Oromo benutzt werden, vermint. Aber wir kehrten wohlbehalten (wenn auch mit Malaria) nach Berlin zurück, und ich schrieb wieder begeistert von Yabus: der herrlichen Stadt, gebaut mit Hilfe von Spenden, die durch das Berliner Missionswerk angeworben und dem Oromo Hilfswerk zur Verfügung gestellt wurden. Und wieder konnten wir durch Beilagen in Berliner Tageszeitungen, die durch einen Aufruf von *Altbischof Scharf* unterstützt wurden, für den Aufbau von Yabus Spenden einwerben, im Jahre 1987 etwa 400 000 DM.

Im Mai 1988 war ich wieder in Yabus und nun auch

jenseits der Grenze im Oromoland, um dort all die vielfältigen neuen Aktivitäten des Oromo Hilfswerkes zu sehen: Schulen, Kliniken, Lebensmittelverteilung, Literaturabteilung, Verwaltung, Landwirtschaft, Autowerkstatt. Alles dient der Versorgung der Oromo-Flüchtlinge aus Äthiopien und nun auch jenem Teil der Oromobevölkerung, die im Einflußgebiet der Oromo Befreiungsfront (OLF) in ihrer Heimat lebt. In Yabus gab es nun bereits 10000 Oromo, und im gesamten von der OLF verwalteten Gebiet war, laut Aussage der britischen Organisation Health Unlimited, eine Million Menschen medizinisch zu betreuen. Bei diesem meinem dritten Besuch in Yabus, bei dem mich die Presse- und Öffentlichkeitsreferentin des Berliner Missionswerkes, *Ulrike Löbs*, begleitete, wurde uns deutlich, daß der äthiopische Diktator *Mengistu Haile Maryam* die Kraft des Oromovolkes nun endgültig brechen will: Keine einzige Schule in der eigenen Kultur und Sprache ist erlaubt. Alle Dörfer der Oromo werden zerstört. Andere Völker wie die Amharen und Tigre werden im Oromoland angesiedelt. Jedes Jahr wird wie bei einer Ernte die Jugend der Oromo – nun bereits die Vierzehnjährigen – eingesammelt und in den mörderischen Krieg nach Eritrea und Tigray geschickt. Doch die Oromo wehren sich immer mehr ihrer Haut. Sie wollen die äthiopischen Besatzungstruppen abschütteln. Und *Mengistu* begann nun, da die eigenen Soldaten schon fast alle im Krieg gegen Eritrea und Tigray verblutet sind, der von ihm abhängigen SPLA, die vom äthiopischen Territorium aus operiert und darum ihm bis zu einem gewissen Grade willfährig sein muß, zu befehlen, gegen die Oromo vorzugehen und u. a. Yabus, die Flüchtlingsstadt, anzugreifen! Das war schon einmal, am 19. August 1987, geschehen und geschah auch gerade während unserer letzten Reise nach Yabus und ins Oromoland im Mai 1988. Die Oromo mußten damals ca. 600 z. T. kleine

Kinder auf gefährlichen und äußerst schwierigen Wegen aus Yabus nach Damazin evakuieren.

Mit überschwenglicher Freude berichteten wir nach unserer Rückkehr über die zuversichtlichen und mutigen Oromo und deren wirkungsvolle Entwicklungs- und Nothilfemaßnahmen: Hier gestalteten die Armen und an den Rand Gedrängten ihre Zukunft selbst. Hier gelangt die Hilfe tatsächlich zu den Bedürftigen im Unterschied zu den »Entwicklungsmaßnahmen«, die die menschenverachtende, altstalinistische Zentralregierung in Addis Abeba im Rahmen von Umsiedlungs- und Verdorfungsprogrammen plant.

Im Januar 1989 reiste *Frau Lensa Gudina*, mit einem kleinen Reisestipendium von *Bischof Dr. Martin Kruse* versehen, nach Yabus und in ihre Heimat, das Oromoland. Ihre Erfahrungen sind in MISSION 3/89 veröffentlicht. Sie war erstaunt über das normale Leben der Oromo unter dem Schutz der Oromo Befreiungsfront. Sie bat um Hilfe für Kliniken und Schulen und vor allem für die vielen Kinder in Yabus und Damazin. *Lensa Gudina*, die Tochter des ermordeten Generalsekretärs der Evangelischen Mekane Yesus Kirche in Äthiopien, war froh, dort auch christliche Gruppen anzutreffen, die sich zum regelmäßigen Bibellesen versammeln. Die Oromo haben, wo immer sie dazu Gelegenheit bekamen, eine politische Ordnung geschaffen, in der Religionsfreiheit herrscht.

Am 13. November 1989 erreichte uns über Khartoum und London die schreckliche Nachricht: Yabus, die herrliche Stadt, Zufluchtsort für 10 000 Menschen, ist zerstört und verbrannt. *Dr. Garangs* SPLA hat alles dem Erdboden gleichgemacht. Die Menschen, fast ausschließlich Frauen und Kinder, mußten aus den brennenden Häusern fliehen.

Nur die kleinen Kinder und die Kranken konnten rechtzeitig evakuiert werden. *Dr. Garang* hatte einige

Tage zuvor über Radio SPLA verkündet, er würde die Grenzstädte Kurmuk und Yabus erobern, die sudanesische Armee solle sich zurückziehen. Das tat sie auch, und die 10000 Oromoflüchtlinge standen hilflos der Zerstörungswut der SPLA gegenüber, denn nachdem die SPLA Kurmuk und umliegende Dörfer mit Stalinorgeln beschossen hatte, zog sie in diese Ortschaften ein und damit auch in die Siedlungen der Oromo, wo die Bewohner gerade mit der Ernte beginnen wollten. Die SPLA zerstörte alles: Schulen, Klinik, Mühle, Büro, Waisenhaus, Wohnhäuser – alles ging in Flammen auf. Im Radio aber verkündete *Dr. Garang* am Tage darauf: Wir haben Yabus friedlich besetzt! Das alles ereignete sich in den Tagen um den 10. November 1989. Radio SPLA, das ist die alte Lutherische Radiostation »Stimme des Evangeliums« in Addis Abeba, für die einst so viele Gemeinden in beiden Teilen Deutschlands fromme Spenden aufgebracht haben.

Nun muß die ORA die Flüchtlinge, die noch um die von der SPLA aus ihren Wohngebieten vertriebenen kleinen Randvölker Berta und Komo vermehrt wurden, ernähren und schützen. Auch zwei britische Damen, eine Krankenschwester und eine Lehrerin der Hilfsorganisation Health Unlimited sind mit den Unglücklichen in die Berge geflüchtet, in das von äthiopischen Truppen immer wieder angegriffene Gebiet der Oromo Befreiungsfront. Hier können sie auf Dauer nicht bleiben. Nach neuester Auskunft von Khartoum (17. November) haben (hatten?) diese Menschen Nahrung nur noch für zwei Tage.

Bei den Orten Begi und Asosa hat die äthiopische Armee jetzt starke Einheiten zusammengezogen, offensichtlich um – wie sie es im November 1987 schon einmal vergebens versucht hat – zusammen mit der SPLA die Basis der Oromo Befreiungsbewegung des Westens zu umklammern und zu vernichten (eine zweite große

Basis der Oromo Befreiungsbewegung liegt im Osten des Reiches, in Hararghe und Arsi).

Die meisten Zeitungsschreiber und Zeitungsleser denken, sofern sie sich überhaupt für Afrika oder gar Äthiopien interessieren, für die äthiopische Zentralregierung wären die Eritreer und die Tigre die große Bedrohung. Mengistu sieht das anders: die Oromo mit ihren 20 Millionen sind das große Wirtschaftspotential und, da er ihnen alle Grundrechte verweigert, auch das eigentliche Widerstandspotential. Eritrea und Tigray bleiben vergleichsweise marginal. Die Oromo bewohnen die ganze fruchtbare südliche Hälfte des Reiches; Addis Abeba liegt mitten im Oromoland.

Besonders tragisch – über den Verlust vieler Menschenleben und die Qual der erneut Vertriebenen und Gejagten hinaus – ist die Tatsache, daß dieser konzentrierte Angriff von SPLA und äthiopischen Truppen auf die OLF in einem Augenblick geschieht, da sich mehr und mehr Freunde, Oromo und Angehörige anderer Nationen bereitfinden, in die befreiten Oromogebiete zu gehen, um mitzuarbeiten und mitzuhelfen bei den vielfältigen Aktivitäten des Oromo Hilfswerkes.

Was können wir jetzt tun? Auf keinen Fall die Oromo alleinlassen. Die Arbeit des Oromo Hilfwerkes muß gerade jetzt gestärkt werden. Es gibt auch heute noch Möglichkeiten, die jetzt so schrecklich zum zweiten oder dritten Mal Vertriebenen mit Hilfe zu erreichen und mit Hilfsgütern zu versorgen. Nur sind die Wege langwieriger und darum auch teurer geworden.

G. H., November 1989

Epilog

Im Januar und Februar 1990 hat sich die Situation im Grenzgebiet Kurmuk, Asosa und Yabus dramatisch verändert: Die SPLA ist aus der Gegend vertrieben worden, und die OLF hat fast alle Lager der Zwangsumgesiedelten in Asosa aufgelöst. Yabus ist wieder eine Oromo-Flüchtlingsstadt im Aufbau.

G. H., April 1990

Äthiopien – der letzte Dominostein?

Mengistu wendet sich dem Kapitalismus zu

Am Montag, dem 5. März 1990, hat Mengistu Haile Maryam widerrufen. Der äthiopische Staatschef und Alleinherrscher, Oberbefehlshaber und Parteisekretär hat in einer programmatischen Rede dem Zentralkomitee der Marxistischen Arbeiterpartei mitgeteilt, daß der Kapitalismus doch besser sei. Planwirtschaft und Marxismus seien ein Fehler gewesen, ein Irrtum. Privatinitiative, Profit und Gewinn sind nun erlaubt und erwünscht. Kapital muß ins Land, um Industrie und Hotels aufzubauen. So berichtete die internationale Presse. In der Nacht vom 9. zum 10. März sind dann all die riesigen Porträts der bis dato allgegenwärtigen Herren Marx und Lenin von Zäunen, Torbögen und Mauern verschwunden. Wer am Sonnabend, dem 10. März, in Addis Abeba auf die Straße ging, mag sich gefragt haben, ob die 15 Jahre schlimmster stalinistischer Diktatur mit ihrem Terror und mit all den unzählbaren Opfern nur ein böser Traum waren? Zeitungsleser in Europa mögen sich fragen, ob nun nach den osteuropäischen Staaten und nach Litauen, Lettland und Estland Äthiopien der nächste fällige Dominostein war? Seit Gorbatschow seine Reformpolitik betreibt, wird die Frage gestellt, welche Auswirkung sie möglicherweise auf Äthiopien haben wird, ob der Stalinist Mengistu sich halten könne, da nun fast alle anderen Stalinisten sich verabschieden.

Es war immer recht schwierig, darauf zu antworten. Um heute auch nur eine behutsame Deutung der spektakulären Wende – wenn es denn wirklich eine ist – zu wagen, ist es nötig, ein wenig umständlich von der Natur des Vielvölkerstaates Äthiopien zu reden. Denn es ist ganz gewiß nicht Mengistus plötzliche Einsicht in die Überlegenheit des Kapitalismus, die ihn diese für einen hartgesottenen Diktator etwas komisch anmutende Volte schlagen ließ, eher sieht es aus wie der Griff des Ertrinkenden nach dem rettenden Strohhalm. Und ob das Volk, vielmehr die von ihm geschundenen Völker Äthiopiens sich über diese neueste Kapriole ihres Diktators freuen, ist sehr zu bezweifeln.

Zuvor aber, ehe wir einen Blick auf die möglichen Folgen dieser Wende werfen, muß doch der ganz ungeheuerlichen Opfer der 15 Jahre Diktatur der überwiegend amharischen Offiziersgruppe, die im Februar 1974 die Macht übernahm und einige Monate später Kaiser Haile Selassie stürzte und ermordete, gedacht werden. Es war – und ist noch immer – ein Folter- und Überwachungsstaat, zu dem die nun zerfallenden, einstmals befreundeten Diktaturen des Ostens ihre schlimmsten und perfektesten Künste des Quälens und Erniedrigens und Mordens zusammengetragen haben; besonders raffiniert waren die mit Schrauben zur Erhöhung des Schmerzgrades versehenen Fesseln »made in Cuba«; Stasis Totalüberwachungssystem war ein Beitrag der DDR; »sovjet pressure«, erklärten die damals noch siegesmutigen Generäle aus der Sowjetunion zu Beginn der Revolution ihren noch etwas zimperlichen äthiopischen Kollegen, hätte sich bei ihnen immer beim Brechen des Widerstandes einzelner oder von Gruppen bewährt; die Zerstörung Hunderttausender blühender Dörfer, in denen insgesamt 15 Millionen Menschen wohnten, die überwiegende Zahl Oromo, geschah nach rumänischem Muster; Nordkorea lieferte Piloten, weil die äthiopischen nicht mehr bereit sind, die eigenen Völker zu bombardieren.

Mengistu, der ideenlose, aber sehr gelehrige Schüler, hat schnell gelernt. Er war fleißig unterwegs von Peking bis Schönefeld, von Moskau bis Bukarest und Warschau – natürlich nicht in erster Linie, um Ideen ins Land zu holen (das hatten ihm die äthiopischen Studenten der 68er Generation, die zu Beginn der Revolution aus Europa nach Addis Abeba zurückflogen, schon besorgt), sondern um Waffen zu kaufen, Waffen und nochmals Waffen für die allesverschlingenden und offensichtlich von der Zentrale nicht zu gewinnenden Kriege gegen die Völker Äthiopiens.

Kenner sprechen von mindestens einer Million Kriegstoter in Eritrea, Tigray, im Ogaden und im großen Oromoland. Hinzu kommen die Opfer der Hungersnöte, die mit weit über einer Million angegeben werden, und man ist sich einig, daß die Hungersnöte zu einem großen Teil Folge der verfehlten Landwirtschaftspolitik Mengistus waren und sind – und er gibt nun selber zu, daß die Planwirtschaft und der Kommandosozialismus in die Katastrophe geführt haben. Auch die Kriege sind Ursache der Hungersnöte; denn erstens werden jedes Jahr die jungen kräftigen Leute mit Zwang zum Militär und zur Miliz eingezogen, aus Schulen, von Märkten, aus den Häusern und von den Feldern geschleppt und der Landwirtschaft entzogen, und zweitens bombardiert die Luftwaffe ständig die Ernten der Eritreer, Tigre und Oromo, um deren Widerstand zu brechen.

Nicht vergessen kann man ferner die mindestens 500000 politischen Gefangenen, die alle schwer gefoltert wurden.

Der durchschnittliche Beobachter der Ereignisse in Afrika macht sich keinen Begriff von der Misere der 15 Jahre kommunistischer Diktatur in Äthiopien. Die Medien haben über dieses ferne Land sehr spärlich unterrichtet. Für sie war eigentlich nur der Hunger ein Thema.

Soll dieser Alptraum nun wirklich vorbei sein? Beginnt jetzt ein von oben diktierter oder erlaubter demokratischer Neuaufbau? Mit neuen politischen Parteien? Und akzeptieren die geschundenen Völker, auch die nicht-amharischen, diese Wende als eine Erlösung?

Richtet man sich nach den Verlautbarungen der jeweiligen Führung der von der Zentrale in den Widerstand getriebenen Völker, so lautet die Antwort eindeutig: Nein!

Die Eritreer (ca. 3 Mio.) im Norden und an der langen Küste des Roten Meeres mit den beiden wichtigen Häfen Assab und Massaua interessiert im 29. Kriegsjahr ohnehin kaum, was ideologisch oder personell in Addis Abeba läuft. Sie werden ihren Krieg für die Eigenständigkeit und Unabhängigkeit nicht um ein Jota verringern, weil der Diktator sich eine kapitalistische Maske umhängt. Die Tigre (ca. 4 Mio.), den Amharen noch am verwandtesten und deren unmittelbare Nachbarn im nördlichen Zentraläthiopien, haben im Verlauf der langen gemeinsamen Geschichte abwechselnd mit den Amharen die »äthiopischen« Kaiser gestellt. Ein starkes Konkurrenzverhältnis bestimmt das Nebeneinander dieser Völker, die beide der christlich-orthodoxen Tradition verpflichtet sind. Im Augenblick haben sich gerade mal wieder ihre jeweiligen Patriarchen (Päpste) gegenseitig mit dem Bannfluch und Interdikt belegt – wie es auch die Politiker tun: Im November 1989 war in der BBC ein Interview zu hören mit einem der prominentesten Führer der TPLF, der Volksbefreiungsfront der Tigre, die versucht, vom Norden her sich der Hauptstadt Addis Abeba zu nähern und noch ca. 200 km entfernt ist. Der Korrespondent der BBC fragte nach den Zielen der TPLF. Die Antwort war deutlich zu hören, trotzdem fragte der Korrespondent zurück und bat um nochmalige Bestätigung: Wir wollen den reinen Stalinismus wieder etablieren, wiederholte der Tigre; Mengistu scheint sich Gorbatschow anzunähern, wir aber kämpfen für einen Stalinismus, wie er nur noch in Albanien zu finden ist! (Beobachtern der Entwicklung am Horn von Afrika ist eine solche eindeutige Äußerung der Führung der TPLF keine Überraschung. Im Jahre 1985 hatte die Führung der TPLF mitten im harten Befreiungskampf und sehr zur Irritation ihrer europäischen Freunde die Malelit gegründet, the Marxist Leninist League of Tigray.) Die Tigre werden folglich für Mengistus Volte nur Verachtung übrig haben.

Die Oromo (ca. 20 Mio.) schließlich haben schon seit Jahren vorausgesagt, daß so etwas passieren, daß Mengistu bedenkenlos die Fronten wechseln würde, sollten die Mittel und die Freunde aus dem Osten erschöpft und müde werden. Nun hat sich das Vorzeichen vor dem Faktor oder das Kleid des Unterdrückers geändert, mehr nicht. Die Oromo leiden weiterhin unter der Fremdherrschaft der Abessinier, die den südlichen Teil des jetzigen äthiopischen Staatsgebietes, das große fruchtbare Oromoland, vor hundert Jahren erobert und seitdem planvoll ausgebeutet haben: Schulen, Bildung, Fortkommen gibt es für die Oromo nicht – es sei denn, sie geben ihre Sprache und Kultur, d. h. ihre Identität auf und werden Amharen. Äthiopien ist ein rassistischer Apartheidsstaat. Dieser Anspruch wurde bislang legitimiert und genährt durch den auf die Bibel gegründeten Mythos der kulturellen Überlegenheit der christlichen Amharen über alle anderen Völker im Reich, besonders natürlich über die Muslime.

Dieser Herrschaftsanspruch der Amharen ist die Dominante oder Konstante, mag sich auch die Legitimation ändern: ursprünglich christlich, dann marxistisch, und nun soll der Kapitalismus Mengistu und den Amharen helfen, im äthiopischen Reich die Oberhand zu behalten. Das ist alles. Ob »die Kapitalisten« sich dazu hergeben werden, wird abzuwarten sein, ist allerdings anzunehmen.

Solange Mengistu nicht zuläßt, daß alle Menschen und alle Völker im Reich die gleichen Rechte haben, Anteil an der Macht im Staat entsprechend ihrer Größe und Zahl, hat sich nichts Wesentliches geändert, ist keine Wende passiert, und es werden die Kriege mit gleicher, womöglich verstärkter Wucht weitergeführt werden. Auch die Befreiungsfront der Oromo nähert sich deutlich der Hauptstadt. Mengistu sitzt in der Falle. Er mußte etwas Dramatisches unternehmen.

Es gibt natürlich Spekulationen über den äußeren Anstoß zu diesem plötzlichen Wandel. Und es gibt Anhaltspunkte. Die diplomatischen Beziehungen zwischen Israel und Äthiopien sind in den letzten Wochen wiederhergestellt worden. Mengistus jüngerer Bruder Telahun Haile Maryam, ein hoher Offizier, der einige Jahre in Moskau studiert hat, erhielt kürzlich eine zusätzliche militärische Ausbildung in Israel und ist jetzt Leiter eines militärischen Ausbildungslagers im Süden Äthiopiens. Israel braucht Äthiopien als Gegengewicht gegen die arabischen Staaten am Roten Meer. Denkbar, daß der Anstoß, die Bitte zum Sprachwandel von dieser Seite kam. Die Amerikaner haben ohnehin ständig darauf spekuliert, daß die ideologische Wende zu ihren Gunsten sich irgendwann ereignen würde.

Eine letzte Bemerkung: Der Freiheitskampf der in demokratischen Traditionen lebenden Oromo gegen die diktatorische und reaktionär regierende amharische Zentrale und deren Besatzungsarmee im Oromoland ist bislang von den Intellektuellen Europas als konterrevolutionär denunziert oder völlig ignoriert worden – weil er sich gegen eine kommunistische Herrschaft richtet. Sollten nun Kapitalisten Mengistu unterstützen bei seinem Kampf gegen das Selbstbestimmungsrecht der Völker, könnte es passieren, daß jene Kreise, die sich so unermüdlich und lautstark für die Schwarzen in Südafrika, für ein selbstbestimmtes Nicaragua oder für die Intifada einsetzen, auch die Oromo entdecken und deren Freiheitskampf.

Sollte es aber tatsächlich mit der Dominotheorie sein Bewenden haben, würde sie als ausreichendes Erklärungsmuster akzeptiert, dann würde dieser kapitalistische Dominostein eine ganze Menge Völker unter sich begraben.

G. H., März 1990

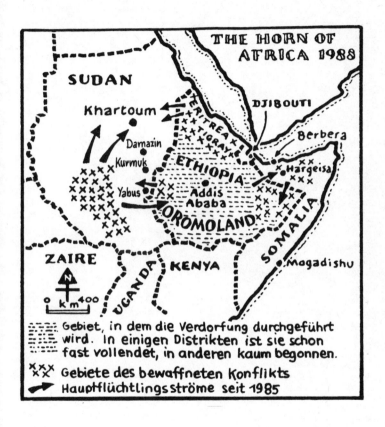

Lieferbare RADIUS-Bücher

Heinrich Albertz: **Blumen für Stukenbrock.** Biographisches. 304 S., DM 36,–
Heinrich Albertz: **Störung erwünscht.** 64 S., DM 6,80
Heinrich Albertz (Hrsg.): **Die Zehn Gebote.** Eine zwölfbändige Reihe
  mit Gedanken und Texten. 108 bis 144 S., Fortsetzungspreis bei Abnahme aller Bände je DM 16,80;
  einzeln je DM 22,–
  siehe auch Walter Jens: Festgabe für Heinrich Albertz
Oskar Ansull: **DISPARATES.** RD Band 6. 80 S., DM 16,–
Klaus Bannach: **Gebete der Stille.** 80 S., DM 12,80
Michael Benckert: **Eva Maria Säuberlin.** 276 S., DM 36,–
Jürgen Brodwolf/Peter Härtling: **Zwanzig Transparentblätter/Briefe von drinnen und draußen.**
  Fünfzehn Gedichte. RRB. 120 S., DM 78,–
Wilhelm Dantine: **Der heilige und der unheilige Geist.** 256 S., DM 34,–
Ingeborg Drewitz: **Junge Menschen messen ihre Erwartungen aus . . .** 80 S., DM 16,80
Wolfgang Erk (Hrsg.): **Für Christoph Eschenbach.** Eine Festgabe. 152 S., DM 68,–
Wolfgang Erk (Hrsg.): **Hoffnungstexte.** Ermutigungen für jeden Tag. 240 S., DM 29,80
Wolfgang Erk (Hrsg.): **Literarische Auslese.** 512 S., DM 36,–
Heino Falcke: **Vom Gebot Christi . . .** 100 S., DM 16,80
Helmut Falkenstörfer: **Äthiopien.** 108 S., DM 19,80
Iring Fetscher: **Ein schwieriges Vaterland.** 352 S., Pb DM 49,–; Ln DM 58,–
Marlies Flesch-Thebesius: **Hauptsache Schweigen.** 160 S., DM 25,–
Traugott Giesen: **Gott liebt Dich und braucht Dich.** 192 S., DM 25,–
Traugott Giesen: **Leben mit Lust und Liebe.** 180 S., DM 25,–
Traugott Giesen: **Schmerzlich – schön – wunderbar.** 200 S., DM 25,–
Helmut Gollwitzer: **Argumente.** 128 S., DM 14,80
Helmut Gollwitzer/Marquardt/Schulze: **. . . aus der Sklaverei befreit.** 128 S., DM 14,80
Janet und Paul Gotkin: **Zu viel Zorn, zu viele Tränen.** 288 S., DM 34,–
Hannah Green: **Aus freien Stücken.** 320 S., DM 36,–
Hannah Green: **Der Gründer.** 260 S., DM 19,80
Hannah Green: **Die schwebende Tante.** 256 S., DM 26,80
Hannah Green: **Herbstzeitlose oder: Glückliche Fügung?** 242 S., DM 29,–
Hannah Green: **Kammerknechte.** 390 S., DM 33,–
Hannah Green: **Landleben.** 216 S., DM 29,–
Hannah Green: **Ich hab dir nie einen Rosengarten versprochen.** 240 S., DM 26,80
Hannah Green: **Wenn es Sommer wird.** 210 S., DM 19,80
Hannah Green: **Eine Zeit wie im Paradies.** 240 S., DM 29,–
Friedrich Grotjahn: **Der weiße Neger wunderbar.** 136 S., DM 19,80
Texte der Gustav-Heinemann-Initiative:
  Arbeit und Bürgerrechte. (1986) 120 S., DM 14,80
  Der Griff n. d. Menschen. (1988) 120 S., DM 16,80
  Die Bundesrepublik . . . . (1987) 100 S., DM 16,80
  Recht zum Widerstand. (1983) 118 S., DM 14,80
  Republik in der Bewährung. (1989) 120 S., DM 16,80
  Wer macht unsere Zukunft? (1980) 94 S., DM 7,80
  Zukunfts-Chancen suchen. (1985) 126 S., DM 14,80
Klaus Haacker: **Grüße an Orpheus.** RD Band 8. 80 S., DM 16,–
Walter Habdank: **Holzschnitte.** 88 S., DM 58,–
Walter Habdank/Johann Christoph Hampe: **Kreuzweg und Auferstehung.** 104 S., DM 16,80
Peter Härtling: **Brief an meine Kinder.** RRB. 64 S., DM 16,–
Peter Härtling: **Die kleine Welle.** RRB. 32 S., DM 12,–
Peter Härtling: **Für Ottla.** RRB. 40 S., DM 12,–
Peter Härtling (Hrsg.): **Textspuren.** Konkretes und Kritisches zur Kanzelrede. Eine achtbändige Reihe.
  Je rund 260 S., Fortsetzungspreis bei Abnahme aller Bände je DM 26,–; einzeln je DM 29,80
Peter Härtling: **Und hören voneinander.** 112 S., DM 19,80
Peter Härtling: **Zueignung.** RRB. 100 S., DM 18,–
Peter Härtling: **Fünfzehn Gedichte.** s. Brodwolf/Härtling
Titus Häussermann (Hrsg.): **Ingeborg Drewitz. Materialien.** 180 S., DM 26,–
Gunnar Hasselblatt (u. a.): **Das geheime Lachen im Bambuswald.** 96 S., DM 14,80
Gunnar Hasselblatt: **Leben und Sterben im Oromoland.** 128 S., DM 16,80
Gunnar Hasselblatt: **Nächstes Jahr im Oromoland.** 152 S., DM 16,80
Karl Herbert: **Kirche zwischen Aufbruch und Tradition.** 360 S., DM 29,–
Klaus-Peter Hertzsch: **Der ganze Fisch war voll Gesang.** 80 S., DM 12,–
Helmut Hild: **Die Welt braucht Frieden . . .** 100 S., DM 16,80
Hans Norbert Janowski: **Das Wichtigste in Kürze.** 80 S., DM 12,–
Walter Jens: **Das A und das O.** Die Offenbarung des Johannes. 96 S., DM 14,80
Walter Jens (Hrsg.): **Assoziationen.** Gedanken zu biblischen Texten. Acht Bände: je 210–260 S.,
  DM 29,80. Acht Bände *im Schuber*, komplett DM 192,–
Walter Jens (Hrsg.): **Es begibt sich aber zu der Zeit. Texte zur Weihnachtsgeschichte.**
  488 S., DM 36,–

Walter Jens (Hrsg.): **Festgabe zum 70. Geburtstag für Heinrich Albertz.** 248 S., DM 39,80
Walter Jens: **Juden und Christen in Deutschland.** 128 S., DM 14,80
Walter Jens: **Roccos Erzählung.** RRB. 40 S., DM 12,–
Walter Jens: **Das weiße Taschentuch.** RRB. 32 S., DM 12,–
 siehe auch Kurt Marti: Festgabe für Walter Jens
Aurel von Jüchen: **Jesus Christus und die Tabus der Zeit.** 144 S., DM 16,80
Arnim Juhre: **Der Schatten über meiner Hand.** RD Band 7. 64 S., DM 12,–
Otto Kaiser: **Ideologie und Glaube.** 160 S., DM 26,–
Rudolf Kautzky: **Sein Programm.** 96 S., DM 16,80
Paul Krauß: **Der ersehnte Tod.** 112 S., DM 17,–
Peter Kreyssig: **Bürgernähe.** 25 Predigten. 160 S., DM 23,–
Jo Krummacher: **Frieden im Klartext. Schalomgottesdienste.** 200 S., DM 26,–
Jo Krummacher / Hendrik Hefermehl: **Ratgeber für Kriegsdienstverweigerer zum KDVGesetz –
 mit den Neuregelungen für die 90er Jahre.** 240 S., DM 14,80, ab 10 Ex. je DM 12,80
Günter Kunert: **Dichter predigen.** 168 S., DM 22,–
Klaus Lefringhausen: **Wirtschaftsethik im Dialog.** 216 S., DM 29,–
Winfried Leuprecht: **Der Versuch, aufrecht zu stehen.** 140 S., DM 23,–
Elisabeth Ludwig-Klein: **Krebs-Kinder-Tagebuch.** 150 S., DM 23,–
Kurt Marti (Hrsg.): **Festgabe für Walter Jens.** 288 S., DM 42,–
Kurt Marti: **geduld und revolte. die gedichte am rand.** RD Band 5. 100 S., DM 16,–
Kurt Marti: **Die gesellige Gottheit.** 100 S., DM 22,–
Kurt Marti: **Gottesbefragung.** 180 S., DM 23,–
Kurt Marti: **Lachen, Weinen, Lieben.** 128 S., DM 22,–
Kurt Marti: **O Gott!** 210 S., DM 25,–
Kurt Marti: **Red' und Antwort.** 128 S., DM 23,–
Kurt Marti: **Schöpfungsglaube.** 100 S., DM 19,80
Kurt Marti: **Ungrund Liebe.** 60 S., DM 12,–
Gerhard Marcel Martin: **Werdet Vorübergehende.** 200 S., DM 28,–
Christoph Meckel: **Sieben Blätter für Monsieur Bernstein.** RRB. 32 S., DM 28,–
Dietrich Mendt: **Vater hat schlechte Laune.** Gebete für Kinder. 64 S., DM 9,80
A. M. Klaus Müller: **Leid – Glaube – Vernunft.** 96 S., DM 14,–
A. M. Klaus Müller: **Die präparierte Zeit.** 672 S., DM 49,–
A. M. Klaus Müller: **Das unbekannte Land. Konflikt-Fall Natur.** 600 S., DM 78,–
Martin Niemöller: **Erkundung gegen den Strom.** 140 S., DM 19,80
Dietrich von Oppen: **Ohne Angst und ohne Herrschaft.** 96 S., DM 14,80
Raissa Orlowa/Lew Kopelew: **Boris Pasternak.** RRB. 64 S., DM 16,–
Leonie Ossowski: **Das Zinnparadies.** RRB. 64 S., DM 16,–
Marietta Peitz: **Ein fremdes Herz im Schwarm.** 120 S., DM 18,–
Marietta Peitz: **Die bunte Wirrnis der Dinge.** 160 S., DM 23,–
Marietta Peitz: **Gotteszahl und Tageseinmaleins.** 128 S., DM 19,80
Marietta Peitz: **Grün, wie lieb ich dich grün.** 128 S., DM 19,80
Marietta Peitz: **Rufus.** 180 S., DM 24,80
RADIUS-Almanach. Zwölf Ausgaben. Jeweils 80 bis 160 Seiten.
 Zuletzt: 1989/90; DM 16,80
Ruth Rehmann: **Der Abstieg.** RRB. 32 S., DM 12,–
Ernst Rudolf Rinke: **Der Weg kommt, indem wir gehen.** 208 S., DM 29,–
Hildegard und Fritz Ruoff: **Blicke und Bilder.** 2 Bände im Schuber 48,–; sign. DM 90,–
Kurt Scharf: **Widerstehen und Versöhnen.** 280 S., DM 36,–
Ulrich Schmidhäuser: **Entfeindung.** 92 S., DM 16,80
Dietmar Schmidt: **Martin Niemöller.** Eine Biographie. 288 S., DM 34,–
Annelore Schmidt-Weyland: **Ruben.** Roman. 408 S., DM 38,–
Hans Jürgen Schultz: **Warum wir schreiben.** RRB. 48 S., DM 14,–
Volker Sommer: **Yeti.** RRB. 48 S., DM 16,–
Hilde Spiel: **Der Baumfrevel.** RRB. 32 S., DM 12,–
Heinrich Vogel: **Gesammelte Werke.** 12 Bände (Sonderprospekt)
Gerd von Wahlert: **Ziele.** 120 S., DM 19,–
Franz H. Waldmann: **Kronzeugen gegen die »Nach«-Rüstung.** 88 S., DM 14,–
Martin Walser: **Säntis.** Ein Hörspiel. RRB. 64 S., DM 16,–
Martin Walser: **Variationen eines Würgegriffs.** RRB. 88 S., DM 18,–
Wolfram Weiße (Hrsg.): **Asania – Namibia – Zimbabwe.** 96 S., DM 12,80
Christian Weyer: **HiobsBotschaft.** 24 S., DM 4,80 (Staffelpreise)
Christian Weyer: **StippVisite.** 32 S., DM 5,80 (Staffelpreise)
Hanna Wolff: **Der eigene Weg.** 120 S., DM 22,–
Hanna Wolff: **Jesus der Mann.** 200 S., DM 29,—
Hanna Wolff: **Neuer Wein – Alte Schläuche.** 240 S., DM 29,80
Hanna Wolff: **Jesus als Psychotherapeut.** 180 S., DM 28,–

Preise in DM. Stand: Februar 1990. Änderungen vorbehalten.